AF285987

braumüller

MICHAEL DANGL

DER WALZERMACHER

ROMAN

braumüller

*Ein glücklicher Mensch
ist wie eine Fliege in der Sonne*

Ivan Turgenjew

Als Napoleon Toulon belagerte, wurde er beschossen und verwundet – als er Wien belagerte, gingen die Wiener Walzer tanzen. Ein Viertel der Bevölkerung, jeden Abend, bis zum Morgen. Das Element, durch das ich groß geworden bin, jagte mit Sonnenuntergang den Graben entlang, raste den Stephansdom auf und nieder, rollte wie eine perpetuummobilisierte Billardkugel die Nacht lang über die Basteien, umrundete die Stadt und fiel, heißgelaufen, erst am nächsten Tag zischend zurück in die trägen Wasser der schönen blauen Donau. Der Walzer beherrschte alles und riss jeden, der nur die Nasenspitze aus der Tür steckte, in seinen Wirbel aus Tanzen und Lachen und Lieben und Vergessen. *Wenn man Walzer tanzen kann, ist alles gut,* war ein Wiener Sprichwort. Aber ich bin kein Wiener. Weder vom Temperament noch von Geburt. Und jetzt, da ich noch einmal nach Russland gekommen bin, in dem wahnwitzigen Vorhaben, Olga, die einzige Liebe meines Lebens, die ich vor fast dreißig Jahren aus Feigheit in den Wind geschlagen habe, doch noch zu erobern – obwohl sie schon lange einen Anderen geheiratet und vier Kinder hat –, bin ich nicht einmal mehr Österreicher. Ich, der bekannteste Untertan des Habsburgerreiches, der Liebling der Wiener, ihr sogenannter Walzerkönig und als solcher bereits mit sechzig eine weltweite Legende, bin seit zwei Monaten Coburger. Und damit Deutscher. Ich habe mein Österreichertum aufgegeben, um die Lücke in meinem chronischen Eheleben, die mit der Trennung von meiner zweiten Frau entstanden ist, mit einer dritten Heirat schnell wieder zu schließen. Weil das einem Katholiken untersagt ist, musste ich deutscher Reichsbürger werden. Äußerlichkeiten wie nationale oder religiöse Zugehörigkeit sind mir unwichtig. Bald werde ich mich konfessionslos erklären, um zum Protestantismus übertreten und meine dritte Frau, Adele, heiraten zu können. Auch wenn diese dritte Frau, was ich mir aus tiefstem Herzen erhoffe, Olga heißt. Statt protestantisch könnte ich dann ja orthodox, statt reichsdeutsch russisch werden. Kein Österreicher und nicht katholisch zu sein, ist ein guter Schritt auch in diese Richtung. Im praktischen Denken bin ich, Alleininhaber der Walzerfabrik Strauss, die ich meinem Vater in einer Art Konzertputsch achtzehnjährig entrissen habe, geschult. Adele wird weiter die kokette Witwe sein, wie Schnitzler sie genannt hat und als die ich sie gefreit habe. Durch einen

Brief, in das Verbindungszimmer unserer Schlaf-
räume im Hotel gelegt, werde ich ihr alles auseinandersetzen und sie kann schon am nächsten Tag die
Heimfahrt nach Wien antreten. Sie selbst war es ja,
die meine Liebe zu Olga, von der ich nur ihr erzählt
habe, während ich sie vor aller Welt geheim halte,
mit der von Goethes Werther verglichen hat. Ich
habe das Buch nicht gelesen, weiß aber, es ist kein
Operettenstoff, vielmehr die tragischste Liebesgeschichte der deutschen Literatur, und der Held
bringt sich darin um. Adele kann nicht wissen, wie
recht sie damit hat, meinen russischen *Roman* – wie
man noch in meiner Kindheit Liebesgeschichten
auch abseits des Papiers genannt hat – in diese exis-
tenzielle Nähe zu rücken. Vielleicht hat sie deshalb
die naheliegende Frage nie gestellt: warum *ich* mich
nicht umgebracht habe.

Äußerer Anlass meiner Wiederkehr ist der dring-
liche Wunsch der Zarin, ich möge in Russland, wo
ich so viele Jahre hindurch die höhere Gesellschaft
in meinen Bann gezeigt habe, noch einmal spielen.
An der Krönung ihrer Vorgängerin habe ich teil-
genommen und für sie meine Cäcilien-Polka komponiert. Als sie den Zarinnennamen Olga annahm,
taufte ich auch die Polka um und konnte damit
meiner Geliebten eine heimliche Reverenz erwei-
sen. Alles war heimlich zwischen uns, denn meine

Geliebte war Aristokratin, und ich nur – Musikant. Polkas sind mir wesensfern. Walzer haben mich nie interessiert. Das Fieber, das sie in Wien ausgelöst haben, habe ich nie verstanden, geschweige denn, verspürt. Das Gehupfe und Gedrehe zu ihrem Takt und meinen Füßen war mir immer fremd. Ich selbst habe keinen Schritt auf dem Parkett dieser Rasereien getan. Nur in Pawlowsk hat, nur einmal, mein Herz getanzt. Das teilnahmslos geblieben war, als meine Töne die Welt in Tanz versetzten, berauschten und gewissermaßen in Brand steckten. Pawlowsk war mein Rausch, mein Feuer, mein Sommer. Wien: Ernüchterung, kalte Asche, ewiger Winter. Meine Schuld, mich aus dem Glück vertrieben zu haben. Und *sie* ins Unglück. Etwas getötet zu haben. Ich bin ein Mörder. Und kehre zwanghaft an den Ort meines Verbrechens zurück. Als ich eben, fast dreißig Jahre nach dem entscheidenden Sommer meines Lebens, zum ersten Mal wieder durch den Park von Pawlowsk ging, ist mir am Boden eine Kröte aufgefallen. Grau saß sie auf dem grauen Erdweg. Reglos, einen Fuß angezogen, wie im Lauf innegehalten oder angefahren, aber ohne sichtbare Beschädigung. Dennoch schien sie ohne Leben, so vollkommen war ihre Bewegungslosigkeit selbst in meinem Nähertreten. Die Augen aber standen weit offen, als wäre der Tod auf einen Schlag gekommen. Erst als ich mich hinunterbeugte, sah ich, dass der

Mund, ein schmaler Strich im Gesicht, auf- und zuging – als redete er vor sich hin – und den leblos scheinenden Körper, der bei ungenauerem Hinsehen auch ein Häufchen Kot sein konnte, mit Luft versorgte. Wärmte sich das Tier in dem Flecken Sonne, der nach niedergegangenem Gewitterregen auf den nassen Weg, den nassen Leib fiel? Der nächste Donner ließ die Kröte drei schnelle Hüpfer vorwärts machen, noch einmal, und noch einmal, und im Gebüsch verschwinden. Ich erkannte mich selbst in dieser Erscheinung. Grau, ununterscheidbar von meinem Weg, wie versteinert und mit starrem Blick. Die Leute irren sich, wenn sie mich für lebendig nehmen. Ich bin schon lange tot. Ich atme noch, um Walzer und Polkas und Operetten schreiben zu können. Aber ich empfinde nichts mehr dabei. Würde ein Mensch bloß die Porträts und Photografien anschauen, die von mir gemacht werden, er sähe die Larve, den leeren Kokon, die wie im Erschrecken des Auslöschens versteinerte Fratze, die sich Strauss nennt. Auch ich rede hier vor mich hin. Ich muss mir bekennen, mir Bericht geben. Solange ich auf ein Zeichen von *ihr* warte. Bekomme ich es nicht, verschwinde ich wie die Kröte mit drei Sätzen, bestehend aus jeweils drei Hüpfern, von denen der erste der stärkste, der betonte ist, im Gebüsch – oder im kalten Wasser eines Kanals. *Eins*-zwei-drei, *eins*-zwei-drei, *eins*-zwei-drei, weg. Unumstößlich notiere ich auch diese letzte Bewegung zu meinem Tod hin im Dreiertakt.

Das Zarenhaus bestimmte mein Leben, von früh an. Um endlich einmal vor meinem Wiener Kaiser spielen zu können, bin ich ihm mit fünfundzwanzig ins russische Warschau nachgereist, wo er Zar Nikolaus treffen sollte. Für die Zarin – die Vorgängerin der Vorgängerin der jetzigen – schrieb ich, während die Herren über Krieg und Frieden diskutierten, die lustige Warschauer Polka, erhielt von ihr dafür einen Brillantring und gab den Herrschern brillante Konzerte. Dem russischen Statthalter in Polen schrieb ich einen Festmarsch und bekam acht Kisten Krimsekt. Nach Warschau war ich auch in Wien von den Familien des Hochadels akzeptiert. Aber meinem Kaiser Franz Joseph, der seine Regentschaft zugleich mit mir begann und jetzt mit mir dahinaltert, dem unmusikalischsten aller Habsburger, der mir nach der Fledermaus und dem Zigeunerbaron immer zu meinen *Opern* gratulierte, habe ich zum ersten Mal – wenn auch als ungeladener Gast – in Konzerten für den russischen Zaren aufgespielt. Und wurde daraufhin eingeladen, im sommerlichen Zentrum der russischen Musikwelt ein Orchester zu führen. Mein Leben zerfällt in zwei Teile: vor Pawlowsk und nach Pawlowsk. Das eine war ein rascher, mühevoller

Aufstieg, das andere ist ein langsamer, qualvoller Niedergang. Beide Teile sind uninteressant. Denn nur scheinbar hat sich mein Leben in ihnen abgewickelt. Es hat sich *hin*entwickelt, zu Pawlowsk, es hat sich *weg*entwickelt, abgespielt hat es sich nur dort, *in* Pawlowsk, nur dort, in der vergleichsweise kurzen, die aller Welt bekannten Teile verbindenden wie trennenden Spanne dazwischen habe ich wirklich gelebt. Ein Geist bin ich, der durch Pawlowsk und Petersburg durch den Schauplatz einstigen Lebens und Glücks geht. Lebens weil Glücks. Wie ich als Geist seit Jahrzehnten durch Wien gehe, nur dass es dort kein Leben gibt, kein Leben, weil kein Glück. Das Außenleben hat bei mir schon lange aufgehört zu existieren. Mit dem Wiederbetreten der Welt, die die einzige ist, die in mir existiert, die einzige, in der ich weiterexistierte, wenn auch als Geist, lebt all das Vergangene wieder auf und drängt zur Mitteilung. Leider kann das bei mir, wie es sich für einen Komponisten geziemte, nicht in Tönen geschehen. Ich bin kein Tschaikowskij. Den ich als Erster der Welt in Pawlowsk aufgeführt habe und der die Welt erobert mit seiner seelenvollen Musik. Ich kann *mich*, kann Menschliches nicht in Musik fassen wie Schumann, noch Übermenschliches wie Wagner. Mich selbst, mein Menschliches, oder wenigstens mein Menschenähnliches, denn ich weiß nicht, ob ich diese Bezeichnung verdiene: Mensch, kann ich nur aufschreiben. In Worten, nicht in Noten.

Pawlowsk hat begonnen, mich zu rufen, da war ich elf oder zwölf. Johann Strauss, noch unangefochten mit diesem Namen ohne den Zusatz *I* oder *Vater*, mein Vater, wurde eingeladen, dort erster Musikdirektor zu werden und lehnte ab. Seit damals ging das Wort Pawlowsk durch die Räume des Hirschenhauses, in das wir gerade gezogen waren und in dem Vater einen abgesonderten Teil bewohnte. Innerhalb von zwei Monaten waren ihm zwei Kinder geboren worden. Eduard von meiner Mutter, die noch seine Frau, und Emilie von der Modistin Trampusch, deren Bettgeher er war. Vor diesen doppelten Vaterfreuden floh er auf Konzertreisen oder, konzertierte er in Wien, ins Wirtshaus. Die *russische Einladung* wurde in den folgenden Jahren immer wieder erwähnt, erörtert und verworfen. Das Wort Pawlowsk, das mein Vater aussprach wie kein anderes – mit einer gewissen Scheu nämlich und einem nicht unfeierlichen Ernst und doch auch mit der Süffisanz, die dem Wiener bei der Erwähnung etwas weit außerhalb seines Gesichtskreises Liegenden durchs Gemüt und über die Lippen geht –, bekam für mich etwas Exotisches, Märchenhaft-Geheimes, und wurde mir mit der Zeit zu einem Sinnbild für etwas unerreichbar Fernes, das zu erreichen man sich aber nur selbst verwehrt, aus Angst vor dem Unbekannten, Angst aber auch davor, in ihm vielleicht eine Erfüllung zu finden, einen Schatz, irgendetwas Großes, Unerhörtes, das einem, ohne der Verführung nachzugeben, für immer verschlossen bleiben würde. Wenn ich vom riesigen, mächtigen Zarenreich reden hörte, verband sich das mit Pawlowsk. Dort war in meiner Vorstellung immer Winter, aber ein weicher, freundlicher, den man vom Kaminfeuer aus betrachtet, und galante Damen reichten aus Equipagen Süßigkeiten an Kinder am Wegesrand. Die Verführung in diesen nebelhaften Bildern war außer der zum Abenteuer auch die zu einer Geborgenheit. Die mein Vater zu hassen schien und die er mir und allen um sich zertrümmerte mit seiner ständigen Abwesenheit, mehr mit seiner sporadischen Anwesenheit. War er fort, fühlte man sich verlassen, gleichzeitig befreit, denn war er da, war er als nicht viel mehr da als ein fremder Nachbar, der im selben Haus wohnte, und man fühlte sich ungewollt und ungeliebt, und das tat mehr weh als das Verlassensein. Man hatte nur die Wahl zwischen Schmerz und Schmerz. Vater war ein Tyrann, ein Familien- und Walzertyrann, der sich außer zwischen zwei Familien oft zwischen vier Orchestern zerriss, ein von der Stimmung des Publikums und der Gastwirte, bei denen er auftrat, Abhängiger, der lieber als in Sievering oder Hernals in England oder Frankreich gastierte, weil er dort frei von der Last war, als die er seine Ehe und Vaterschaft empfand. Wenn alle Musiker Grüße von den Reisen schickten: er nicht. Wenn sie froh waren, zu Weihnachten zu Hause zu sein, saß er am Heiligen Abend im Beisl und verspielte unser Schulgeld. Und dennoch: *Kein Strauss, kein Leben!* riefen die walzersüchtigen Wiener dem zu, mit dem das Leben kein Leben war, sondern ein Kampf auf Leben und Tod. Meine Kindheit fiel in seinen Aufstieg vom Bratlgeiger in Vorstadtlokalen zum Herrscher über ein musikalisches Riesenreich, und obwohl diese Kindheit durchzogen war von Klängen und Harmonien, war der Ton rau, die Atmosphäre die unharmonischste und ich von dieser Welt, die meinen Vater so ganz erfüllte, verstoßen und ausgesperrt.

Natürlich wird es für Adele schrecklich sein, im Morgengrauen und – so wäre es mir am liebsten – ohne mich noch einmal zu Gesicht zu bekommen, aus unserem eleganten Hotel auszuziehen und zum Bahnhof zu fahren, wo man uns erst vor wenigen Tagen mit Pomp empfangen und ihr einen Kamillenstrauß überreicht hat, wie das für russische Brautpaare üblich ist. Alle Welt sieht uns auf Verlobungsreise. Ich kann darauf keine Rücksicht nehmen. Ich bin, was die Wahl meiner Ehefrauen betrifft, immer rasch und überraschend verfahren. Aus Verzweiflung über das unwiderrufliche Ende meiner Hoffnungen auf Olga wurde ich krank, reiste damals schon im August aus Pawlowsk ab und griff wie ein Ertrinkender nach Jetty, einem Rettungshalm, wenn auch mit den Ausmaßen eines jahrhundertealten Baumstamms, sieben Jahre älter als ich, eine zweite Mama und ideale Pflegerin, als Mutter von sieben unehelichen Kindern geschult im Umgang mit Unmündigen, meine getreue Sekretärin, Notenkopistin, Reise- und Leibesorganisatorin. Als sie nach sechzehn allem Anschein nach glücklichen Ehejahren der Schlag traf, war ich ein paar Tage untröstlich, warb keine Woche nach der Grablegung, bei der ich nicht anwesend war, um die Nächste und war vier Wochen später in den zweiten Ehehafen eingefahren, wo sich nun eine Lilli um meine Socken und Noten kümmern sollte. Die aber war ein Luder und setzte mir mehr Hörner auf, als in einem steirischen Jagdschloss hängen. Schon Monate *vor* der Trennung (ich wurde auch in dieser Hinsicht immer ökonomischer) schrieb ich glühende Eroberungsbriefe an die Dritte, die ich in meiner Ehefirma anzustellen gedachte. Die Formulierungen entnahm ich dem Repertoire meiner Briefe an Olga, wo mir Ergüsse der Sehnsucht und Zuneigung noch ehrlich aus dem Herzen gingen, ähnlich wie ich für meine Amerikaeroberungsreise kein einziges Stück neu komponierte, sondern Motive aus bestehenden zu einem scheinbar neuen zusammenschusterte. Amerika wie Adele fielen darauf herein. Nun schleppt sich die Legalisierung des Bundes schon über drei Jahre hin, aber Adele zeigt Avancen, eine noch tüchtigere Geschäftsfrau zu sein als Jetty, und ich freue mich darauf, dass die Welt sich mit einer peniblen Verwalterin meines Nachlasses wird herumschlagen müssen. Wenn es zu dieser Ehe kommt. Letzte Nacht bin ich fünfmal (!) zum Portier hinuntergefahren, um zu fragen, ob eine Nachricht für mich da wäre. Obwohl ich vor dem Liftfahren Angst habe, weil ich von Stockwerk zu Stockwerk fürchte, jetzt und jetzt stecken zu bleiben. Aber Treppensteigen kann ich schon lange nicht mehr. Die letzten Male schaute ich nur mehr aus der offenen Lifttüre hinüber zur Rezeption und empfing das müde, zunehmend besorgte Kopfschütteln des würdigen Mannes wie ein Hund Schläge, die ihn zurück in seine Hütte jagen. Ich kann an nichts denken als an diese immerhin mögliche – wenn auch mit jedem Tag unwahrscheinlichere – Antwort auf einen Brief, von dem ich gar nicht weiß, ob ihn die Adressatin bekommen hat, weil ich ihn, wie damals oft, ihrer Freundin Pauline zur üblicherweise verlässlichen Weitergabe geschickt habe. Die mir versprochen hat, ihn vor ihrer Abreise (sie ist jetzt im Ausland) Olga in die Hand zu geben. Ich bitte in diesem Brief um nichts als eine kurze Begegnung, in der ich ihr alles *auseinandersetzen* würde. Tatsächlich verwendete ich dieses sachliche Wort für ein Gespräch, an dem mein Leben hängt, weil ich mir keine andere Rettung weiß, weil ich nicht weiterleben kann ohne die noch so kleine Chance, an ein Glück wiederanzuknüpfen, das ich vor Jahrzehnten zerrissen habe. Um dem einzigen Menschen gegenüberzustehen, der je in mein Herz geschaut hat und mich versteht und meinen Wahnsinn, den zu verdecken ich mein nach außen normales, geradezu krankhaft langweiliges Leben zu führen ich mir angewöhnt habe. Jeder Künstler ist auf seine Art wahnsinnig. Andere Komponisten packen ihren Wahnsinn in Musik, ich backe Walzertörtchen drumherum und Polkakrapferl und hin und wieder eine Operettentorte. Aber der Wahnsinn glüht weiter und zerschmilzt all die süßen Backwerke, und sie ertränken mich in ihrem unerträglichen Melodiensirup und erschlagen mich mit ihrer unbarmherzigen Gefälligkeitsglasur. Ich würde der Welt so gerne einmal mein ganzes aufgestautes, unverdautes Innenleben, das, was auf meinem Backwerkeverzeichnis zwischen den Zeilen steht, vor die walzertanzwilligen Füße speiben, diese grausliche Magenmelange aus Verdrängtem und Verkümmertem, dieses Eiterbeuschel aus Verlogenheit und Überdruss, diese Blutfrittatensuppe meines zerfetzten Herzens. Und zur Nachspeise die Gallenbuchteln meiner verlorenen Illusionen.

Illusionen hatte ich, in Pawlowsk, und doch nicht, denn Illusionen, das heißt doch: Täuschungen. Und nie habe ich so klar gesehen. Und bin, indem ich meinen Gefühlen nachgab, der Wahrheit so nahe gekommen wie dort. Illusion war das andere, das Wiener Leben, meine Lebensillusion, für die ich die Wahrheit, die mir die Hände entgegengestreckt hat, aber nicht zum Tanz, eingetauscht habe. Pawlowsk hat mir den grauen Schleier meiner Kindheit, den ich noch als Dreißigjähriger um die Augen trug, vom Gesicht gerissen mit einem Lachen, dem unbekümmerten Selbstverständnis in Freiheit Geborener, die einen Sträfling aus seinem Gefängnis tapsen sehen. Illusion war doch, was ich bislang als das *Normale* geliefert bekommen, und das erfüllen zu müssen ich geglaubt habe. Illusion war, einen Kampf zu führen, der, im Letzten, nicht mein eigener war. Meine Mutter hat mich als Kampfmittel gegen ihren Mann eingesetzt. Am Tag ihrer der Scheidung reichte ich mein Gesuch zum ersten Konzert ein. Als Revanche für die Jahre der öffentlichen Demütigung, das mittellose Sitzengelassenwerden vom erfolgreichsten Musiker der Gegenwart, drehte sie den Spieß um, und der Spieß war ich. *Ich* musste zum erfolgreichsten Musiker der Gegenwart werden, ich brachte nichts mit als mein Talent und den vom Vater unterdrückten Drang zu musizieren. Den Kampf auf des Taktstocks Schneide hat meine Mutter daraus gemacht. Die

Säle, die meines Vaters Platzhirschenschaft und seine Intrigen gegen mich übrig ließen, waren oft klein, stickig, das Publikum, das sich zwischen Fressen und Tanzen nicht recht entscheiden konnte, drängte an die kleine Bühne, auf deren Pult ich, hoch über allen, im schweren, engen Frack stand, die Geige gegen die Hüfte gestemmt wie ein Gewehr vor dem Feind, den Geigenbogensäbel über den Kriegern hinter mir, den Musikern, zum Einsatz schwingend, ein General vor der Schlacht, dann die Waffe unters Kinn klemmte und losfeuerte, anriss, wie man in Wien sagt, immer notwendigerweise dynamischer als die anderen, präsenter, lauter, gewahr, in jedem Moment der nicht ein-, nicht zwei-, der vielstündigen Abende zu brillieren, zu enthusiasmieren, zu kontrollieren, dass die Begeisterung der unter mir tanzend Walzenden und die Energie der hinter mir sitzend Streichenden und Blasenden nicht nachließ, so lange, bis der Sohn den Vater überspielt, überfiedelt, übertroffen, in Grund und Boden gewalzt hatte. Es war grotesk: Jahrelang nach meinem ersten Auftreten, gegen das mein Vater ein vormundschaftliches Verbot erwirken wollte, weil ich noch nicht volljährig war, spielten wir an ein und demselben Abend in verschiedenen Lokalitäten auf, oft keine drei Steinwürfe entfernt, manchmal meinte man in Pausen die Musik herüberklingen zu hören, der Vater gegen den Sohn, der Sohn gegen den Vater, immer gegeneinander, nie miteinander, zwei

Feinde im Feldzug mit ihren Heeren aus Musikern und Zuhörern, immer zur Belustigung, immer zur Unterhaltung, aber selber todernst und angstschwitzend und mit zusammengebissenen Zähnen hinter dem hin und wieder, unter den Salven der Ovationen schmerzvoll verzerrt lächelnden Mund. Wie zwei Spinnen, über Nacht in eine Schachtel gesperrt, auf dass eine übrig bliebe, sperrten wir uns in die enge Wiener Konzertunterhaltungsschachtel und geigten gegeneinander los, bis mein Vater erlag und ich über seine gebrochenen Beinchen, das, was meine Verschlingung übrig gelassen hatte, siegreich über den Schachtelrand stieg. Das Wiener Publikum konnte dem Sohn erst richtig zujubeln, als der Vater tot war, ausgelöscht, verschlungen vom Neuen.

Diese Schlachten begründeten die fortwährende Zerrüttung meines Körpers, meiner Nerven. Mit Mitte zwanzig, wenn jeder gesunde Mann auf der Höhe seiner Kräfte ist, brach ich zusammen. Ich kam von einer ausgiebigen Konzertreise zurück, warf mich aufs Bett und stand nicht mehr auf. Alles in mir wehrte sich, protestierte gegen dieses Leben, das ich zu führen gezwungen und das offenbar gegen meine Natur war. Ich hasste das Reisen und war immer unterwegs. Ich verabscheute öffentliche Auftritte und bezog meine Daseinsberechtigung einzig aus ihnen. Diesen langen Winter auf dem

Krankenlager verfluchte ich stumm meine Mutter für mein heimliches Musikstudium und pries meinen Vater, dem zufolge ich jetzt Bankangestellter mit Frau und Garten gewesen wäre. Warum hatte ich ihm sein Imperium weggenommen, ihm, der dafür geschaffen war? Schreckliche Selbstvorwürfe und Selbstbeschuldigungen, die ich natürlich niemandem mitteilen konnte, beschwerten, vertieften, verlängerten meine Qual, die damals begonnen hatte, sich in meinem Körper einzunisten, um ihn bis heute nicht zu verlassen. Es fiel zum ersten Mal das Wort *Todesgefahr*, das ich fortan von vielen Ärzten hören sollte. Ich wollte auch nicht mehr leben. Seltsam, dass dieser Anfang meiner sich über das nächste anderthalbe Jahrzehnt hinziehenden, mich wieder und wieder in lebensbedrohliche Krisen bringenden Krankengeschichte von einem Wort begleitet war, dessen Ursprung in meiner Kindheit gelegen und auf dieser Reise erstmalig von außen, ohne Bezug zu mir, an mich herangedrungen war. Nach dem letzten Konzert in Hamburg trennte ich mich am Bahnhof von meinem Orchester, das froh nach Wien fuhr, und stieg in den Zug nach Frankreich, da die Betreiber des Casinos von Dieppe mich als Kapellmeister engagieren wollten. Die Idee, an einem Ort fern von Wien für einen ganzen Sommer ein Engagement zu haben, verlockte mich. Das *russische Angebot* aus Warschau von vor zwei

Jahren lag ja noch immer auf dem Tisch. Mutter, wie immer zum Glück zu Hause geblieben, stimmte in Hinsicht auf ein möglicherweise astronomisches Honorar zu, meine Rückkehr für Verhandlungen in dem bekannten Seebadeort um einige Tage hinauszuschieben. Ich sah, aus dem Speisesaal des Casinos auf die Terrasse tretend, zum ersten Mal in dieser Ausdehnung und aus dieser Nähe das Meer. Der Abend war länger hell als bei uns, und Menschen – nicht viele, die Saison ging zu Ende – promenierten, einige standen unten mit nackten Füßen im Sand und hielten ihre Kinder in die Höhe. Noch nie war ich alleine an einem so fremden Ort gewesen, und nie hatte ich ein solches Gefühl von Freiheit in mir gehabt wie im Angesicht dieses Bildes von Weite, in dieser Atmosphäre von Unbeschwertheit. Aus einer anderen Tür des Casinos kamen zwei Frauen mit einem Kind, sie standen eine Weile und sogen die Seeluft ein, dann stellten sie sich in gemessenem Abstand an die Brüstung neben mich und schauten schweigend auf das Meer. An ihren Profilen sah ich deutlich, dass die eine, sehr würdig und mit großen Diamanten an den Ohren, die Mutter des Mädchens von vierzehn, fünfzehn Jahren, die andere wohl ein Kindermädchen war. Mich beeindruckte die gleichförmige Ruhe, mit der die drei aufs Meer sahen. Nach ein paar Minuten, die sie so reglos, und ohne mich zu beachten, neben mir standen, sagte die mittlere, die Mutter, einen kurzen Satz auf Russisch, von dem mir nur ein Wort herausklang: Pawlowsk. Auch auf mein rasches Kopfdrehen reagierten sie nicht, dafür sah ich, wie ein stilles Seufzen in Form eines leichten Sichhebens und -senkens der Brüste durch die Körper der drei ging, als Antwort auf die kurze Bemerkung, in der offenbar der genannte Ort in Vergleich zu dem hiesigen gebracht und dadurch ein Gefühl von Heimweh hervorgerufen wurde, wie es, ich habe es später gründlich erfahren, nur Russen zu eigen ist. Als sie sich daraufhin von der Brüstung zum Weitergehen lösten, fiel der Blick des Kindes, das mir am nächsten stand, für eine Sekunde auf mich, es war ein Lächeln in den feinen, blassen Zügen und den großen schwarzen Augen, das, obwohl es nicht mir galt, guttat und, eben weil es nicht mir galt, von einer umso größeren Ferne erzählte und einer anderen, mir verschlossenen Welt. Wie die Welt hinter dem Wort Pawlowsk, das erst in meinen Fieberstunden im Wiener Krankenbett wieder in mir auftauchte als ein seltsam helles Leuchten in einer langen, schwarzen, ansonsten jeder Zuversicht beraubten monatelangen Nacht.

Wie um dem Anfang meines russischen Engagements Tribut zu zollen, dem Spiel vor dem Zaren und der darauf erfolgten Einladung vor sechsunddreißig Jahren, war es der Sankt Petersburger *Warschauer Bahnhof*, wo die Honoratioren der Stadt vor paar Tagen mit ihren Blumen am Perron standen, mich zu empfangen. Wer nicht aus dem Zug stieg, war ich, weil ich den sogenannten Blitzzug genommen hatte, der später ankommt, dafür Schlafwaggons hat. In denen man auch tagsüber Nacht spielen kann. Eisenbahnfahren fürchte ich wie Aufgehängtwerden. Ich ertrage normalerweise nur kurze Etappen, und nur mit geschlossenen Vorhängen. Fährt der Zug über eine Steigung oder gar eine Brücke, muss ich zur Beruhigung Champagner trinken. Naht ein Tunnel, krieche ich unter die Sitzbank. In jedem Fall muss mich meine jeweilige Frau ablenken. So sind sie denn am Abend wiedergekommen: die Honoratioren, die Repräsentanten des Zarenhofes, die Journalisten, viel an Volk. Denn die Wiederkehr des Walzerkönigs, das ist etwas. Als der Zug einfuhr, glaubte ich ob der Schreie einer Menschenmenge, ein Unglück sei geschehen. Dabei waren es Hochrufe, und das Unglück war ich. Adele schätzte die Wartenden auf mindestens tausend. Zum Glück war die Polizei gut instruiert und hielt mir die Leute vom Leib. Ich lasse ganz schwer noch jemanden körperlich an mich herankommen. Wie sehr mich etwas im Gemüt bewegt, geht niemanden etwas an, auch wenn es stark ist wie hier in Russland. Besonders feierlich bin ich –

wenn auch ohne hinzusehen, da ich mir nach so langer Fahrt immer mit dem Gehen schwer tue – an der Gesellschaft vom Roten Kreuz und dem Damenkomitee des Kinder-Unterstützungsvereins vorbeigegangen. Für sie habe ich mich bereit erklärt, in jedem meiner Konzerte drei Tanzstücke für den guten Zweck zu dirigieren. Und dafür ein Honorar von je zwanzigtausend Rubel zu kassieren. Wohltätigkeit ist mir immer wichtig. Vor dem Bahnhof war ich doch sehr ergriffen, denn auch der Platz und die angrenzenden Straßen zeigten sich voll Menschen, als wäre nicht ein fremder König, als wäre ihr eigener Zar angekommen. Aus dem Wagen sah ich aber, dass alle Straßen so voll waren, und dass es keine für mich sich versammelnde Menge, sondern die in meiner Abwesenheit offenbar explosionsartig sich vermehrt habende Bevölkerung war. Im Grunde aber suchten meine Augen nur eine Figur im Gewimmel zu erkennen, eine schlanke Schönheit in all der Jugend, in der ich sie geliebt habe. Dass es unwahrscheinlich war, sie auf der kurzen Fahrt zum Hotel zu erspähen, etwaige Veränderungen durch Älterwerden, Mutterschaft et cetera sagte mein Verstand mir vor, mein Herz erreichten derart rechthaberische Einwände nicht. Selbst alle möglichen Gründe, die Olga davon abgehalten haben konnten, als Erste am Bahnsteig, gleich da, wo meine Tür aufsprang, schüchtern zwar, doch mit offenen Armen auf mich zu warten, und selbst den allertriftigsten Grund: dass sie keinen Grund hatte, das zu tun, vielmehr hundert Gründe dagegen, wehrte ich ab, als kämen sie nicht aus mir, sondern von einem übelwollenden Verleumder. Als den ich meinen Verstand, auf den ich nichts gebe und der nichts wert ist, immer sehe. Der Verstand war es, der mir alles ruiniert hat, der meiner Mutter, aber auch mein eigener. Der Verstand ist mir kalt in mein heißes Herz gefahren und hat es aufgespießt, wie sie es hier mit Fleischstücken machen fürs Schaschlik. Und ich weiß nicht, was er mit *ihrem* getan hat. Mein dummer Verstand mit ihrem klugen Herz. Ich bin ein Mörder. Und schaue durch die Vorhangschlitze auf die Straßen meiner Schmach. Und neben mir sitzt meine angebliche Braut mit ihrem Strauss und fragt, ob ich wieder Magenweh habe. Aber Sankt Petersburg war nur ein Randbezirk meines Blühens und Vergehens. Schauplatz, Anlass, Zentrum war Pawlowsk. Mein Vater hat Pawlowsk abgelehnt. Er hat es, ohne das zu wollen, mir überlassen. Von Anfang an, vom ersten Hören des Wortes, stand Pawlowsk durch Vaters Ablehnung mir näher als er, denn Vater hat mich auch abgelehnt. Pawlowsk war gewissermaßen auf meiner Seite. Auf der Seite des von ihm Gemiedenen. Wo seine Familie stand, das heißt seine erste Familie, meine Mutter, ich und meine

Geschwister, wo aber auch alles Friedliche stand, alles Weiche, Helle, Angenehme. Denn er selbst war kriegerisch, hart, dunkel und unangenehm. Aufgewachsen im Bierwirtshaus seines Vaters, meines Großvaters, der aus dem Budapester Ghetto nach Wien gekommen war und sich in der Donau ertränkte, als mein Vater zwölf war. Der Fluss spülte durstige Schiffsleute und Musiker ins Gasthaus Zum guten Hirten in die Floßgasse. Der kleine Johann brachte ihnen ihr Bier. Sie brachten ihm ihre Musik. Andere Klänge als die von Mozart und Beethoven, die noch in der Wiener Luft lagen. Andere auch als die von Lanner, die die früheren verdrängten und den Wienern näher ins Gemüt gingen. Rauere, wildere, mit einer anderen Schwermut und Hitze, aus dem Osten über die Karpaten herniedergestiegen, wer weiß von wo. Und aus dem Westen, aus Frankreich, wo der große Umsturz stattgefunden hatte und das neben napoleonischen Truppen den Tanz der Revolution aussandte, den Walzer. Und von klein auf musste der Johann, mein Vorgänger, kämpfen. Gegen seinen neuen Vater, der einen Buchbinder aus ihm machen wollte. Gegen Joseph Lanner, mit dem er erst alles teilte, den Ruhm, den Frack, die Frauen, bis Johann, der Teufelsgeiger, den man mit Paganini verglich, keinen zweiten mehr neben sich dulden wollte. Der letzte Abend der Walzerfürsten Lanner und Strauss

endete in einer Wirtshausschlacht. Mit Fiedelbö-
gen. Fortan spielten sie getrennt, gegeneinander,
und Johann vermehrte seine Macht. Aus dem mit
seinem Spiel um Essen Bettelnden wurde der Walzerkönig. Johann Strauss regierte. In ganz Wien.
Nichts gab es, wo er nicht auftrat. Fünfzigtausend
walzer- und tanzsüchtige Untertanen galt es jeden
Tag zu befriedigen. Das Imperium wuchs. Expan-
dierte. Reiseheere trugen die neuen, als sensationell
gehandelten Kompositionen nach ganz Europa.
Aber der König, der sich gegen alle äußeren Feinde
durchsetzte, hatte den Feind in den eigenen Reihen
übersehen. Die Ehefrau, zu oft allein gelassen und
gekränkt, zog, während der Herrscher sich im Zenit
seiner Macht fühlte, schon einen nächsten Walzer-
prinzen auf, offenbar nicht minder begabt, wenn
auch weicher, dafür gestärkt von ihr und ihrem
Willen zur Übernahme des Reichs. Am Strauss'-
schen Thron wurde gerüttelt, das konnten die Wiener ihrem König, dem sie seit Jahrzehnten die Treue
hielten, nicht geschehen lassen. Zunächst. Aber
dann hörten sie dem Neuen zu, und der gefiel ihnen
auch, und manchen besser, und das Volk teilte sich
in die Untertanen des alten und in die des neuen
Strauss. Dass es derselbe Name war, derselbe inklu-
sive des Vornamens, erleichterte vielen den Fahnen-
wechsel. Johann Strauss statt Johann Strauss, da
konnte man fast so tun, als sei nichts geschehen.

Der neue stand genauso schneidig auf seiner Empore, jünger auf jeden Fall und verschwenderisch in seinen Einfällen und ebenso toll in den Beinen machend und dreist in die Mieder fahrend, in denen es hüpfte und wogte, mehr als die Donau je zu wogen vermochte. Wie verschwenderisch auch die Vorsehung, die es zuließ, dass der König, mit dem man aufgewachsen war, erneuert wurde, noch ehe seine Kräfte versiegten. So war das in Dynastien, der Thron darf nie leer bleiben. Wien würde seinen Johann Strauss behalten, denn Johann Strauss, das war schon ein Inbegriff, ein Titel, der Mensch dahinter war egal, auf Johann Strauss folgte Johann Strauss der Zweite, der den anderen dadurch zu Johann Strauss dem Ersten machte, aber nur zum chronologisch ersten, wie man Kaiser durchzählt und Päpste und eben auch Walzerkönige. Wien hatte sich mit dem Walzerkönigtum eine Parallelmonarchie geschaffen, der man statt Steuern Eintrittsgelder zahlte und die statt Kriegen Vergnügen schenkte. Wien baute, wie in der eigentlichen, auch in dieser Zweitmonarchie auf Kontinuität. Von nun an würde es immer einen Johann Strauss geben, das schuf Sicherheit. Keine zwei Wochen nach dem Tod des Walzerkönigs Johann Strauss I befehligte Johann Strauss II die Orchestersoldaten des Verblichenen, legte die in den Jahren der Erbfolgeschlachten getrennten

Reiche zusammen und bekam von den Wienern die Krone aufgesetzt. Der König ist tot, es geige der König. Des Privilegs bin ich mir bewusst, denn der Sohn eines berühmten Vaters zu sein, ist ein hartes Los, zumal in Wien. Die meisten verprassen das Ererbte auf ungustiöse Weise, werden zynisch und sterben früh. Der ewige Vergleich mit dem Vorgänger bringt sie um. Ich hatte vom ersten Auftritt an den Schatten meines Vaters dabei. Zuerst, als ich den meisten Zuspruch gebraucht hätte, stellten sich die Leute an, um mir von ihm vorzuschwärmen. Sie zählten mir auf, wie oft sie ihn gehört hatten, als ob sie mir damit einen Gefallen täten. *Wir lieben Ihren Vater*, sagten sie mit Tränen in den Augen. *Ich nicht*, wollte ich sagen und schluckte es hinunter. Lobten sie mich selbst, setzten sie ein *Kein Wunder, bei dem Vater* hinterher. Wenn jemand den Mund zu einem *Der Apfel ...* auftat, hätte ich ihm ins Gesicht schlagen können. Später stellten sie sich an, um mir zu sagen, dass sie mich besser fänden als ihn. *Kein Vergleich,* flüsterten sie feixend hinter spielerisch vorgehaltener Hand. Und auch das war mir peinlich. So oder so, es gab mich nur komparativ. Nur kompetitiv. Nur im Gegensatz, im Widerstreit, im Walzerstreit, in der Polkakomparation. Die Wiener vernarren sich in einen Künstler und glauben, durch ihr Sichvernarren Macht über ihn zu besitzen. Sie üben ihre Zuneigung als Druckmittel aus, von ihm auch Zuneigung zu erfahren und verstehen nicht, dass er seinen Teil an der fragwürdigen Beziehung zwischen ihnen mit seinem Auftritt geleistet hat. Sie greifen mit gierigen Fingern nach dem *Menschen*, der sie nichts angeht, sie schielen mit lüsternen Blicken nach dem Innenleben des Künstlers und halten ihre Grubenlampen in die unzugänglichen Schächte des Künstlerbergwerks und geben sich beleidigt, wenn der Künstler ihnen die Türe vor der Nase zuschlägt und ganz offensichtlich genug daran hat, dass sie gekommen sind, ihr Karte gekauft und ihm ihre Dankbarkeit möglichst von weit, möglichst über den Sicherheitsabstand einer vielbefahrenen Straße hin, zugerufen haben. Etwas zu mögen, hat in Wien immer auch den Anspruch, es zu besitzen. Weil in Wien die Liebe immer gleich durch den Magen geht. Ich bewundere dich heißt bedrohlich schnell: Ich begehre dich. Ich begehre dich: Ich verzehre dich. Ich verzehre dich: Ich schlucke und verdaue dich. Schneller als du schauen kannst, bist du ausgeschieden. Und liegst als Häufchen, als elender Rest einstigen Glanzes am Boden. Und die Kritiker: Sobald sie dich hochgehoben haben, fangen sie an, dich zu demontieren. Diese Demontage endet erst mit dem Tod des Künstlers, nachdem sie in eine heuchlerisch bedauernde Verklärung, die bis zur feuilletonistischen Seligsprechung reichen kann, übergeht. Meinen ersten, nach der Rückkehr von

Dieppe erfolgten Zusammenbruch – infolgedessen die Firma zu meiner Vertretung für den ganzen Winter das von ihr so genannte *Aushilfsmöbel*, meinen Bruder Josef, aufs Podest stellte – benutzte vor allen der gefürchtete Wiener Zeitungscerberus Hanslick, von da an den Meißel an mein Monument zu setzen. *Ein falsches Pathos* habe sich in meine Musik geschlichen, das *verstimmend* auf den Hörer wirke. Ja, fielen die anderen ein, es sei durchaus abscheulich, dass ich meinen *Mangel an musikalischer Erfindungsgabe* durch eine *lärmende Instrumentierung* zu *verstecken* suche. Wie verblasse der Beifall, wenn darauf ein Walzer vom *alten* Strauss erklinge! Wo immer ich hinkam, der alte Strauss war schon dagewesen. Ob London, Paris, Berlin: bei Festreden, gar nicht hinter vorgehaltener Hand, suchte man dem jungen Strauss entweder dadurch zu schmeicheln, dass man den alten in den Himmel hob, oder, im Gegenteil, ihn herabsetzte. Auf der ganzen weiten Landkarte der lukrativen Auftrittsmöglichkeiten gab es nur ein Neuland, einen vom Vormonarchen noch nicht eroberten – wenn man das vom größten Land der Erde sagen kann – weißen Fleck: das russische Zarenreich. Vier Jahre nach dem ersten Angebot in Warschau, im zweiten Jahr meiner körperlichen und nervlichen Crisis, stöberten mich die Pawlowsker Unterhändler bei der Kur in Gastein auf. Ihr Angebot übertraf meine vom Casino in

Dieppe abgelehnte und von diesem als, *bei allem Respekt*, absurd bezeichnete Honorarforderung derartig, dass selbst meiner Mutter der Mund offenstand. Der sich anbahnende Krimkrieg war dem Unternehmen insofern im Weg, als die Donaumonarchie in diesem Konflikt eher zu Frankreich hielt. Brav komponierte ich einen Napoleon-Marsch fürs Wiener Franzosen-Fest. Als das Angebot der Zarskoe-Selo-Eisenbahn – sie organisierte das Konzertgeschehen in Pawlowsk – daraufhin nicht nur nicht zurückgezogen, sondern erhöht wurde, sagte ich versuchsweise für einen Sommer zu. Letztlich blieb Österreich im Krimkrieg neutral. Und mein Napoleon-Marsch geriet, auch zu meinem Vorteil, bald in Vergessenheit.

Mein neues Leben begann ich als Angestellter der russischen Eisenbahn. Die versuchsweise Zusage passte, weil auch der Ort meiner Tätigkeit Zielbahnhof einer Versuchsstrecke und diese die Errungenschaft eines in Österreich gleichfalls zu wenig geschätzten Österreichers war. Ritter von Gerstner baute zur Zeit meiner Geburt an der ersten österreichischen Eisenbahn. Der fortschrittsskeptische Wiener Hof betrachtete diese Strecke, eine Pferdebahn von Linz nach Budweis, als genug für die gesamte Monarchie und widersetzte sich Gerstners Plänen zum Ausbau. So ging er nach

Russland. Der Zar ließ sich, im Gegensatz zum Kaiser, von der Sinnhaftigkeit eines Eisenbahnnetzes für sein Riesenreich überzeugen. Der Versuch, etwa ob das System den harten Wintern standhalten würde, wurde mit der Strecke von Petersburg nach Zarskoe Selo unternommen, von der Hauptstadt zur Sommerresidenz. Weil es dafür kaum Fahrgäste gab, verlängerte man um ein kurzes Stück nach Pawlowsk und machte den dortigen Bahnhof zu einem Unterhaltungsort, vornehmes Publikum mit einem *romantischen Park, Kartenspiel, erlesenem Essen und Musik* lockend. Man nannte den Bahnhof nach dem Vorbild des englischen Vergnügungszentrums Vauxhall, ein Name, der als *wogsal* dann zur Bezeichnung für alle Bahnhöfe des heute immer dichter von Schienen durchzogenen russischen Landes wurde. Europäische Berühmtheiten traten auf, und Johann Strauss, berühmteste der Berühmtheiten, sollte erster Musikdirektor werden. Er sagte ab – und wurde es. Weil der, der absagte, ein anderer war als der, der es wurde. Aber es war Johann Strauss, und bis heute weiß ich nicht, ob die Zarin, ob viele hier den Unterschied mitbekommen haben. Man hatte sich den Walzerkönig gewünscht und bekam ihn zwanzig Jahre später und da war er erst dreißig. Wichtiger als dass nicht der Bestellte kam, war, dass der, der kam, *als* genau der kam, der bestellt war. Als

wäre Walzerkönig eine Rolle, die von wechselnden Schauspielern dargestellt wird. Wichtig für
mich war, dass der frühere, der *echte*, der er lange
Zeit und, bin ich ehrlich, auch heute oft noch in
meinen Gedanken ist, dass mein Vater noch nicht
dort gewesen war. Seine Musik, ja, aber die ver-
mischte sich mit der meinen, für die, die *ihn* nie von
Angesicht erlebt hatten, gab es nur *einen* Johann
Strauss, den leibhaftigen, *mich*. Zum ersten Mal
in meinem Leben schauten mir Menschen in die
Augen, die nicht meinen Vater dahinter sahen. Die
nicht den Vater in mir suchten oder wünschten
oder erinnerten. Zum ersten Mal in meinem Leben
wurde ich nicht als Sohn wahrgenommen, sondern
als Person. Als ich. Als eigenständiger Mensch.
Auch darum war Pawlowsk für mich von Anfang
an der Ort meiner Menschwerdung. In Pawlowsk
wurde ich neu geboren. In Pawlowsk fing mein
Leben an.

Wo ich mich zeige, laufen die Menschen zusammen. Es gibt eine Zigarettenmarke mit meinem
Namen und Konterfei. Alle Konzerte sind seit
Wochen ausverkauft. Das erste war in einer riesigen Reiter-Manege mit achtzig Mann Orchester.
Mein neuer Marsch Garde à cheval, eines der
traurigsten Stücke, die ich je komponiert habe,
musste mehrmals wiederholt werden. Ein Stück,

zu dem schön gestorben werden kann. Aber die Leute lachen über das Pferdewiehern der Trompete am Schluss. Der Empfang danach nahm kein Ende. Ich nutzte die Zeit, im Kopf einen Walzer zu entwerfen, den ich jetzt bis drei Uhr früh am Stehpult niederschrieb. Mein Hirnkastl hat immer getrennt von allem anderen funktioniert. Und die Menschenmassen halte ich mir automatisch fern, weil ich ja auch Menschen im Einzelnen nicht heranlasse. Ich bin ein Augenmensch. Um mich, im Kreis von mehreren Metern, empfinde ich vollkommene Stille, eine lärmlose Zone, einen Sicherheitsabstand zwischen den Menschen und mir, den ich mir in fünfundzwanzig Jahren des konsequenten Allein- und Zuhauseseins und der dort von mir sozusagen gesetzlich verordneten fortwährenden Ruhe errichtet habe und jetzt mit mir herumtrage, eine Art tragbarer Wehrgraben, über den ich meinen illusionslosen Blick auf die Welt dahinter richte. Meine Augen wollen nichts geben, nichts ausdrücken, sie sind, je aufgerissener sie scheinen, die umso geschlosseneren Schleusentore zu meinem Inneren, sie registrieren nur. Hauptsächlich überwachen sie die Genauigkeit von Noten auf Papier. Ohne ihren Schutz vor der Welt könnte ich nicht leben. Daher sage ich oft: *Sollte ich blind werden – erschieße ich mich.* Dabei glaube ich nicht daran, blind zu werden. Ich habe nur manchmal das Bedürfnis, die Möglichkeit meines Selbstmords in den Raum zu werfen, wie eine Spielkarte auf den Tisch. Um den Leuten einen Köder auszuwerfen zu meinem Inneren, in dem die Selbstmordoption freie Kost und Logis hat. Aber die Leute beißen nicht an. Die Leute lachen wie über das Wiehern der Trompete im Pferdemarsch. Immer sind die Leute geneigt, Äußerungen von mir als Spaß zu nehmen. Weil ich angeblich so heitere Musik schreibe und unterhaltsame Operetten, glauben sie, mein Gemüt müsse auch heiter und unterhaltsam sein. Mein ernstes Äußeres sei Teil meiner Grillen und Sonderlichkeiten, an die sie sich gewöhnt haben, wie an die nicht weiter zu beachtenden üblen Launen eines an sich guten Onkels. Und das Wenige, das ich mit Worten äußere, komme mir vom wahren Herzen und müsse daher scherzhaft gemeint sein. Dabei wissen sie nicht, wenn mir etwas vom wahren Herzen kommt, es niemals scherzhaft gemeint sein kann, weil es dort nichts zu scherzen gibt. Auch deshalb habe ich mich von den Menschen zurückgezogen, weil ich diesen Mechanismus nicht mehr ausgehalten habe, mit dem auf mein Öffnen des Mundes ihr Lachen losgeht, zwanghaft, oft starren sie auf meinen Mund und warten, dass er aufgeht, und wenn etwas herauskommt, lachen sie es in Grund und Boden, vernichten es mit ihrem Lachen, sodass ich oft erschrecke über diese Feindseligkeit ihres Lachens, ihre rücksichtslose Grobheit. Erschrocken habe ich mich abgewandt. Heute bin ich auf eine Weise dauererschrocken und, gehe ich unter Menschen, zur Sicherheit vorerschrocken, und dieses Vorerschrocken- und Dauererschrockensein mildert die Wucht des tatsächlichen Erschreckens und den Schmerz, den ich früher dabei empfunden habe und von dem nur mehr ein milder, wenn auch jederzeit noch schmerzbereiter Stich im Magen übrig ist. Dass ich mich bis heute nicht erschossen habe, muss daran liegen, dass die Angst davor noch ein Stück größer ist als der Überdruss, den ich nicht Verzweiflung nennen will, obwohl er aus der Verzweiflung hervorgegangen ist, aus Müdigkeit von der Verzweiflung, aus Erschöpfung an der Verzweiflung, der kleinsinnige und pragmatische Überdruss, zu meiner vielen Arbeit auch noch dauernd verzweifelt sein zu müssen. Weil ich mich auf dem Höhepunkt der Verzweiflung nicht erschossen habe, habe ich es in der Verzweiflungsmüdigkeit und der Verzweiflungserschöpfung natürlich auch nicht mehr getan. Manchmal glaube ich, mehr als aus Angst habe ich mich aus Grant nicht erschossen. Habe ich es auf den eher unwahrscheinlichen Schicksalsschlag des Erblindens verschoben. Abgesehen davon, dass die Vorstellung eines Erblindeten, der versucht, sich zu erschießen, auf eine Operettenszene hinauslaufen könnte. Aber den tiefsten Grund, den basso continuo meiner Verzweiflung und meines Überdrusses haben sie allesamt nicht herausgehört, egal wie große Ernsthaftigkeit ich in den Ton, der angeblich die Musik macht, hineingelegt habe. Sie haben gelacht und *der alte Narr* gedacht und weiter Karten gespielt. Und Adele hat die Aschenbecher ausgeleert und auch nichts herausgehört, sonst wäre sie nicht so leichtsinnig gewesen, meine damalige Liebe zu Olga mit der Werthers zu vergleichen, ohne sich und mich zu fragen, wo denn in meinem Fall die diesem Vergleich folgende Konsequenz geblieben wäre. In Wahrheit kann sie den Vergleich nicht ernst gemeint haben, hätte sie ihn ernst gemeint, müsste sie sich doch interessieren, was, da ich mich nicht umgebracht habe, stattdessen mit mir und meinem Leben weiter passiert ist. Was war die Alternative zum Selbstmord? Verdrängen? Langsames Vergessen? Glücklich ist, wer vergisst? Nur weil mir die Texte zu meinen Musiken immer völlig egal gewesen sind, konnte dieser dümmste Satz, der je auf einer Bühne gesungen wurde, in ein Werk von mir eingehen. Gar nichts vergisst man, wenn man etwas vergisst, ist es nichts wert gewesen, wer vergisst, ist nicht glücklich, sondern stumpfsinnig und hat nichts erlebt. Wie konnte ich vergessen? Wie konnte nicht alles, alles in mir wieder aufbrechen, was ohnehin nur mit morschen Brettern zugedeckt lag, als ich vor anderthalb Jahren, zum ersten Mal seit damals, einen Brief von *ihr* bekommen habe, nicht von Olga direkt, aber von ihrer Freundin Pauline, und das war fast so viel wie von Olga selbst, denn Pauline war unsere Vertraute gewesen, Postillon unserer Liebe. Wenn sie jetzt nach fast dreißig Jahren wieder schrieb, konnte das nicht nur im Wissen, musste es im Auftrag Olgas geschehen sein: der Glückwunsch zu meinem *vierzigjährigen Künstlerjubiläum* konnte doch nur ein Vorwand dafür sein, mir auf diesem Weg – nur darum konnte es gehen! – eine neue Komposition Olgas zukommen zu lassen, eine Romanze, die noch dazu den Titel *Erste Liebe* trägt! Seit unserer Trennung hatte Olga ja aufgehört zu komponieren. Und jetzt dieses Lied, die Vertonung eines russischen Gedichts, das ich mir in Prosa, um den Sinn zu verstehen, habe übersetzen lassen. Es beschwört allen Zauber von Pawlowsk herauf, kein Dichter könnte *unser* Pawlowsk, unsere Liebe besser beschreiben, das Gedicht *ist* Pawlowsk. Und ich, als ich es las, war mit einem Schlag wieder dort, war ein junger Mann, und hielt die Zeilen in Händen, als wären es *ihre* Zeilen, nach langem wieder ihre eigenen, als wäre es einer der ungezählten Liebesbriefe, die wir einander durch Pauline, oft in Bonbons versteckt, zuschickten, und verstand, dass die Worte Ausdruck *ihrer* Gefühle waren, als ich las:

In der Abenddämmerung schimmerte blau das Tal,
still jenseits des Baches,
Und der Duft von Rose und Jasmin verströmte in
deinem Garten.
In den Sträuchern am Ufer riefen die Nachtigallen
verliebt einander zu.
Ich stand nahe bei dir, verwirrt, vor Liebe vergehend,
Die Lippen blieben im Überfluss des Atems stumm
und schüchtern,
Aber das Herz verlangte nach einem Geständnis,
nach einem Druck der Hand.
Mag auch das Leben mir diesen Traum getauscht
haben mit Unrast von lärmender Buntheit,
Das Gedächtnis bewahrt doch treu das stille Bild der
Schönheit,
Den Garten, den Abend, das Stelldichein und die
unruhige Zärtlichkeit im Blut,
Die Glut und das Stocken des Herzens, all diese
Musik der Liebe!

Ich saß wie vom Donner gerührt. Der Zusatz Paulines löschte jeden Zweifel eines Bezugs zu mir: *Es ist Ihnen hoffentlich nicht unangenehm, in meinem Brief diese kleine Romanze* Erste Liebe *zu finden, deren Worte sich wahrscheinlich auf das Jahr achtundfünfzig beziehen.* Damit gab sie unmissverständlich zu, dass Olga mit der Wahl dieses fremden Gedichts die uns vertraute Geschichte heraufbeschwor – und dass Pauline das Gefühl hatte, ich müsse davon wissen. Dass die Komponistin Olga Smirnitzkaja nach dem letzten Sommer, in dem ich Stücke von ihr in Pawlowsk uraufgeführt habe, verstummt war, hatte ich darauf zurückgeführt, dass ihre Werke – es waren immer Romanzen nach Gedichten über die Liebe – abgesehen von technischer Könnerschaft und einem künstlerischen Anspruch, der über dem damaligen Durchschnitt dieses Genres lag, Ergüsse ihres sehnsuchtsvoll, leidenschaftlich liebenden Herzens waren. Und dass ich dieses Herz mit meinem Verrat an unserer Liebe zum Schweigen gebracht habe. Alle ihre Stücke sind im Sommer unseres Näherkommens entstanden, und im Winter danach. Später: nichts mehr, ich habe meinen russischen Verleger ein paarmal danach gefragt. Warum nahm sie nach Jahrzehnten, eingebunden in ein anderes Leben, als Ehefrau und, wie Pauline schrieb, Mutter von vier Söhnen, diese Arbeit wieder auf und veröffentlichte unter ihrem Mädchennamen, wodurch sie als verheiratete Frau sicher mit Widerstand zu kämpfen hatte? Etwa weil ihr Herz – und dann wäre es das, was ihre, was unsere Freundin mir eigentlich mitteilen wollte – ganz und gar nicht verstummt war, dass es nie aufgehört hatte, unter der *Unrast von lärmender Buntheit* für uns weiterzuschlagen und eine beständig glimmende leise Glut der Erinnerung in sich getragen hat, die ganze Zeit, und die hat jetzt Funken geschlagen, in einem späten Lied, und die Freundin kann nicht anders, als mir diese Klänge herübertragen und ans Herz legen? Und was soll, nach der Information *Olga hat vier Söhne, wovon der erste sein Jus-Studium beendet, die drei anderen sind hochbegabte Musiker*, der rätselhafte Satz: *Das tröstet die alten Großeltern, die ihren Schwiegersohn bisher nicht zu Gesicht bekommen haben*? Olga soll ihren Eltern, in derselben Stadt lebend, dreißig Jahre ihren Mann nicht vorgestellt haben? Das konnte nicht sein. Der Schwiegersohn, das wäre ja einmal ich geworden, wäre meinen Anträgen damals entsprochen worden. War es, meint Pauline, gar der *eigentliche* Schwiegersohn, den Olgas Eltern *bisher nicht zu Gesicht bekommen haben*? Bin es ich? Ist es ein versteckter Ruf nach mir? Gibt es – die Feder sträubt sich mir, es aufzuschreiben – noch Hoffnung? *Die drei anderen sind hochbegabte Musiker* klingt fast, als wären sie von mir! Was nicht sein kann. Und dann bittet mich Pauline noch, ihr meine Photografie zu schicken, was, nur wir drei wissen es, als äußerst verspätete Antwort darauf zu verstehen ist, dass Olga mir bei unserem Abschied ihre Photografie geschenkt hat. Natürlich ist das gewünschte Bild für Olga. Und der ganze Brief, und die Art, wie ich ihn aufnehme, wie er in mich fällt, welche offenen Türen er, wenn ich das ein wenig salopp formuliere, in mir einrennt, sind als ein überdeutlicher Hinweis darauf zu verstehen, dass, was auch Zeit und äußere Geschehnisse mit uns angestellt haben, im tiefen Inneren gar nichts vergangen ist, nichts vergessen, alles lebt, und alles drängt nach letztendlicher Vollendung. Darum bereite ich seit anderthalb Jahren diese Reise vor, darum mein überraschendes Nachgeben der so oft ausgesprochenen Einladung, noch einmal in Russland zu spielen. Pauline hat mir versprochen, Olga meinen Brief mit der Bitte um ein Treffen zu geben. Und ich sitze, wenn ich nicht probe oder spiele, in meinem Hotelzimmer im l'Europe und warte. Ich besuche nichts: kein Museum, kein Theater, kein Restaurant. Aber das ist man von mir gewöhnt. Das fällt nicht auf. Adele lässt sich herumführen. Ich muss ihr noch meinen Gutenachtbrief ins Verbindungszimmer legen, in dem Worte meiner großen Liebe stehen werden. Vielleicht schreibe ich ihr heute auch wieder einmal, wie sehr ich mich sehne. Das kann sie ja dann alles auf sich beziehen.

Ohne sie davon in Kenntnis zu setzen, habe ich mich nach der Probe zum Bahnhof fahren, mir ein Billett kaufen, mich die Treppe zum Perron mehr tragen als führen und in den Zug setzen lassen.

Heimlich bin ich nach Pawlowsk gefahren, ohne die mich hier ständig umschwärmenden dienstbaren Herren, ohne Adele. Allein wollte ich sein. Das Zugfahren machte mir nichts aus, weil mir damals, als ich jung war, das Zugfahren nichts ausgemacht hatte, und weil meine ganze Manie vor dem Zugfahren einzig und allein in dieser Bahnstrecke nach Pawlowsk begründet liegt, weil alle späteren Bahnfahrten mich an diese einzige Bahnstrecke meines Lebens gemahnen, in der ich mich am Leben gefühlt habe, und weil ich die Diskrepanz zwischen dem, der ich war und dem, der ich geworden bin, nicht aushalte. Meine *Spleens* sind nicht unbegründet. Meine Ängste kommen nicht von nirgendwo. Mein menschenscheues, lichtscheues Wesen hat seine Ursache. Die Ursache ist Pawlowsk. War Pawlowsk in meiner Vorahnung als Kind immer winterlich gewesen, ist es in meiner Erinnerung sommerlich. Aus dem Wiener Winter kommend, war bei meiner Ankunft das Eis in den Bächen geschmolzen, sah ich die Blüten aus den Zweigen, die Blumen aus dem Boden schießen, wuchs alles immer grüner und heller werdend dem Sommer entgegen. Drei Monate stand er da, heiß und lebendig. Mit dem Ende meiner Saison legte er sich nieder. Kam ich nach Wien zurück, sägten sie schon vor den Häusern das Holz für den Winter. Jetzt waren die Bäume vor dem Zugfenster kahl, braun die Felder.

In Pawlowsk ging ich durch den Wald, so weit, bis die Hügel begannen, die ich oft auf- und abgelaufen bin, zu *ihr*, von *ihr*, zum Konzert, vom Konzert. Es war kalt. Ich schien der einzige Besucher des noch im Winterschlaf liegenden riesigen, selbst in meiner vieljährigen Anwesenheit nie gänzlich durchmessenen, mir immer unermesslich vorkommenden Parks. Donner gingen, und ich hatte keine Angst, wie ich sonst vor Gewittern Angst habe, weil mir hier die Gewitter gut gewesen waren, Donnermaschinen und Beleuchtungseffekte unseres Sommertheaters, und als ein Blitz den grauen Himmel zerschnitt, setzte ich mich auf eine Bank. Dann fielen die ersten Tropfen, bald saß ich im Regen, durch die Äste der unbelaubten Bäume wenig geschützt. Vor mir eines der vielen Bachtäler mit Böschungen, Anläufen zu neuen Wäldern, in denen antike Götterstatuen und Tempel stehen, alle Zeugen meiner Leidenschaft. Es drückte mir die Brust, engte mir den Hals. Weinen konnte ich nicht. Weinen ist im Versteinerungsprozess eines Herzens nicht vorgesehen. Am Rückweg sah ich die Kröte im Schlamm. Der Schaffner hob mich in den Zug. Auf der ganzen Rückfahrt schaute ich zu Boden. Die hilfreichen Herren erwarteten mich. Im Hotel keine Nachricht von Olga. Ich schrieb Adele, die ich im Nebenzimmer hörte, einen Brief, dass ich sie liebe. Ich schloss mich ein und komponierte die halbe Nacht im Stehen den Pferdewalzer. Dreimal fuhr ich hinunter, um nach einem Brief zu fragen. Ich legte mich angezogen aufs Bett. Seit Jahren habe ich immer Kopfweh.

Schönheit hat in meinem Leben vor Pawlowsk keine Rolle gespielt. Die wechselnden Quartiere wurden, nachdem in meinem vierten Winter die besoffene Donau eines Nachts durch die Fenster im ersten Stock gebrochen war und uns vertrieben hatte, nach Bezahlbarkeit gesucht. Wien war eine trostlose Stadt mit grauen Fassaden, auch im Sommer. Das Trinkwasser speiste sich aus den Abflüssen großer Friedhöfe, war trübe und stank. Die Wiener leerten den Inhalt ihrer Leibstühle in den Kanal vor dem Haus oder auf den Misthaufen. Erst vor kurzem wurden sie darüber informiert, dass Brunnen und Abwassergruben nur verschiedene Löcher im Boden für eine einzige sich unterirdisch vermischende Brühe sind. Die angeblichen Schönheiten der Wiener Umgebung habe ich nie kennengelernt. Im Sommer steckte uns Vater gern in zwei enge Kammern eines Hauserls in Sallmansdorf, wo ich, da er kaum da war, mehr am Spinett als im Weinberg spielte. Ausflüge in die Natur gab es nicht, daher kenne ich auch nur *Geschichten aus* dem Wienerwald. Wenn andere Familien sonntags in den Prater zogen und die Kinder von ihrem Vater mit süßen Mandeln beschenkt wurden, sahen wir in der

Ferne am Podium einen fremden Mann Geige spielen und mit Mädchen zu seinen Füßen schäkern, die sich wiegend die Kittel hoben, einen bejubelten Volkskönig, der uns, seine Familie, mit Nichtbeachtung, manchmal, war er gut aufgelegt, mit bitteren Blicken bestrafte. Natur war für ihn nur ein ins Freie verlegter Konzertraum, ein offenes Tanzlokal mit den Nachteilen von Zugigkeit und Regengefahr. Vergnügungs- und Erholungsreisen waren noch nicht im Schwung wie heute, reisen tat mein Vater, um die Welt zu vergnügen, nicht uns durch sie, und seine Erholung bestand unter anderem darin, mit seiner Gespielin acht außereheliche Kinder zu zeugen, um endgültig zu ihr zu ziehen, als seine Ehefrau gerade mit dem sechsten Kind von ihm schwanger war. Auf meinen späteren eigenen Konzertreisen gab es nur Bahnhöfe, Musiksäle und Hotels. Schönheiten fremder Städte habe ich nicht wahrgenommen, weil die von Besuchern gerühmten Schönheiten der *eigenen* Stadt und Umgebung ich nie wahrzunehmen gelernt hatte. Die Welt um mich war das eine, Schönheit ein abstrakter Begriff für Dinge, die man vom Hörensagen kennt. Schönheit war in der Welt meiner Kindheit und Jugend keine Kategorie. *Schön* sagte mein Vater zu seinen Musikern, wenn sie etwas gut oder richtig gespielt hatten. Es war nichts, was staunen machte, nichts, was einen mit Glück erfüllte, *schön* war höchstens *richtig*.

Und wenn eine Frau *schön* war, war sie damit gleichzeitig unerreichbar für einen, der zum Tanz aufspielt. Die uns verfügbaren weiblichen Geschöpfe waren hübsch, fesch, sauber. Schön waren Gräfinnen und Komtessen. Schön waren Terzinen von Goethe und Motetten von Bach. Aber Motetten hörte man selten und spielte man nie, und Komtessen gehörten anderen und beschlief man nie. Und so fern wie das Rezitieren von Terzinen lag uns das Penetrieren von Gräfinnen. Musikanten waren die, die draußen im Hof spielten, nur die wenigsten *bei* Hof. Musikanten hatten selbst fürs Bordell einen zu schlechten Ruf. Sie wurden beklatscht und verspottet, gesucht und gemieden, der Spieler hinter dem Instrument blieb den meisten ein grauer Bereich. Ein *leichtsinniger, unsittlicher, verschwenderischer Mensch* war ich laut polizeilichem Protokoll, was meinem kurz vor der Abreise nach Russland gestellten Antrag, Nachfolger meines Vaters als k.k. Hofball-Musikdirektor zu werden, sehr geschadet hat. Diese Verleumdung kam daher, dass ich einen Revolutionsmarsch geschrieben und in der Josefstadt die Marseillaise gespielt hatte, statt wie Johann I. mit dem Radetzky-Marsch auf die Menschen loszudonnern wie der widmungstragende Feldmarschall selbst. Das war Jahre her, aber das Gedächtnis des Kaisers, zu dieser Zeit, noch gut. Ich war umso froher, dass der Zar auf mich wartete. Dass manche Zeitungsschreiber sich in ihrer versuchten Demontage dahin verstiegen hatten, mir das Talent zum Orchesterleiter abzusprechen, konnte mir egal sein, da die Leitung des Orchesters in Pawlowsk vor mir lag, der bestbezahlte und meistbeneidete Vertrag eines Musikers seit Haydns Engagement in England, vielleicht darüber hinaus. Pawlowsk hatte es in vieler Hinsicht, muss ich heute sagen, leicht bei mir. Der Abschied von Wien fiel mir nicht schwer, mir fiel ein Stein vom Herzen wegzukommen. Die Abneigung vieler meiner Musiker, die Stadt so lange und so weit Richtung Osten zu verlassen, wurde durch das Dekret der Eisenbahngesellschaft, ein Orchester aus Norddeutschen zusammenzustellen, ohne Belang. Die Wiener blieben in Wien auf meinem Aushilfsmöbel sitzen. Der Hauptstrauss reiste nach Russland, mit dem Schiff, wie es sich für einen Eroberer geziemt, und ohne die Denunziantenbande meiner Mutter, als welche viele der Bartstreicher, Ohrenbläser und Standpauker ihr bei meinen sonstigen Reisen zu Diensten waren. Vier Wiener durfte ich mitbringen, ich wählte die mir ergebensten, die noch dazu weit von mir, in Petersburg wohnen würden, sie mussten für ihre Unterkunft zahlen, während ich freies Quartier im zum Pawlowsker Zarenpalast gehörenden Vauxhall-Gebäude selbst bekam. Sie mussten den letzten Zug erwischen und die Karte kaufen, wohingegen ich, der ich freie Fahrt gehabt hätte, den nach Konzertschluss sich leerenden Park für mich wusste, diesen riesigen Garten, außer mit den Besitzern der zerstreut in ihm liegenden Sommerhäuser, allein für mich. Dass es nie richtig dunkel wurde, unterstützte meine Gewohnheit der fledermausartigen Nachtaktivität, aber nicht, um herumzuflattern, sondern am Stehpult zu arbeiten. Natur war mir etwas, das man im Aufschauen von der Arbeit durchs Fenster betrachtet. Die ersten zwei Sommer erledigte ich nur die nötigsten Wege. Nachts stand ich manchmal auf der Veranda und spähte ein wenig beklommen, aber auch mit seltsam höher schlagendem Herzen in die weite, wilde Landschaft, die mir mit ihrem Geheimnis und so manchen die Sinne betörenden Düften entgegenatmete. Einmal war es mir, als riefe etwas, aber es war nur ein entfernter Nachtvogel. Alles Draußen war mir ein fremdes Reich. Und ist es mir heute wieder. Nur im dritten Sommer, als ich Olga näher, und im vierten, als ich mit ihr zusammenkam, habe ich die Welt als etwas erfahren, in das man hineingehen und dem man vertrauen kann. Nur durch Olga hat sich mir für ein, zwei Sommer die Welt geöffnet. Nur durch Olga ist das trockene Wort *schön* zu etwas aufgeblüht, das man spüren und erleben kann. Nachdem ich diese Tür zugeschlagen habe, ist *Draußen* wieder draußen und ist

Ich drin und starrt hinaus und friert im Gedenken an die Wärme, mit der sich die Bereiche einmal vermengt haben. Bereits auf dem Schiff nach Petersburg – erste Station der Reise über Stettin und die Ostsee war Warschau, als wären die sechs Jahre zwischen der ersten Einladung und jetzt, die Jahre meiner Krankwerdung, nur ein verzichtbares Interludium gewesen – fühlte ich mich zum ersten Mal wieder gesund. Stolz ob der Größe der Unternehmung sah ich mich auf die Wellen des finnischen Meerbusens, den mein Bug liebkoste oder durchschnitt, und in den Himmel schauen, der mir größer erschien als der Leopoldstädter, unter dem ich aufgewachsen war. Den Osten kannte ich nur von der Orchesterreise auf den Balkan. Mit dreiundzwanzig saß ich damals zu Weihnachten in einer erbärmlichen Wegschenke vor Bukarest auf Heu mit Brot und Schinken. *In Wien sitzt man mit der Familie am Speisetisch*, schrieb ich nach Hause, und zeichnete damit ein Bild, dass es in Wirklichkeit nicht gab, aber die Vorstellung war tröstlich in meiner Hütte zwischen Wölfen und Bären. Da wurde ich in Russland anders empfangen. Die erste Zeit konnte ich mich vor Einladungen nicht wehren, immer waren es die vornehmsten Häuser, Paläste, Schlösser, wie ich sie in Wien nur von außen gesehen hatte. Dass ich sechs Monate hindurch jeden Abend spielte, bis zum Abgang des letzten Zuges, war kein

Hindernis, denn in Russland kannte die Gastfreundschaft, vor allem in den höheren und höchsten Kreisen, in denen ich ausnahmslos verkehrte, kein Schlafengehen und erwartete dasselbe von den Gästen, besonders, da der Tag und das Licht auch nicht schlafen gingen. Ich war das Ereignis der feinen Pawlowsker Gesellschaft, und Pawlowsk das Ereignis meines bisherigen Lebens. Wann immer ich am späten Vormittag aufwachte, glaubte ich, aus einem Traum in die Wirklichkeit zu fallen, wie das bei den wenigen guten Träumen, die ich bislang gehabt hatte, gewesen war, und verstand erst nach Minuten des ins Licht Blinzelns, dass ich nur vom Schlaf ins Wachen, nicht aber aus dem Traum gefallen, dass der Traum nun die Wirklichkeit war. Pawlowsk, der Phantasiebegriff meiner Kindheit, war lebendig geworden, und ich selbst spürte eine Lebendigkeit in mir, die mir neu war. Zum ersten Mal ging ich ohne Angst auf die Bühne, weil ich nicht dem Vergleich ausgesetzt war, dem Vergleichsdruck, den ich in Wien nie ganz losgeworden war, zum ersten Mal ließ ich mich von der Begeisterung des Publikums, das nur *mich* sehen und hören wollte, beinahe so etwas wie anstecken, und dieser neue eigene Funke von Begeisterung fuhr mir als Lust in die Glieder und verführte mich zu einer musikalischen, gleichermaßen körperlichen Expressivität, die die Leute über mich und mich über mich staunen ließ. Die

Erfindung des Vorgeigers, die mein Vater kultiviert und ich kopiert hatte, dieser hoch über allen stehende, alle befehligende Spielerdirigent oder Dirigentenspieler, dessen weit ausschwingenden Bogen man sich als Peitsche vorstellen konnte, mit der er die Spieler und Tänzer zähmte und antrieb zugleich, dieser stolze Dompteur in der Manege des Walzerzirkus in seiner eng geschlossenen, körperbetonten Frackuniform, der, auch am Rücken Augen zu haben scheinend, alles im Blick hatte, alles streng und doch mit dem ewig charmanten Funkeln des professionellen Entrepreneurs koordinierte, hatte naturgemäß eine sinnliche Beziehung zu denen, die dem Rausch des Walzers erlegen, die gierig nach den Klängen und süchtig danach waren, sich zu ihnen zu drehen, sich ihnen hinzugeben, und damit sich *ihm* hinzugeben, dem Schöpfer der Melodien, Schöpfer des Takts, Schöpfer des Moments, *ihrem* Schöpfer für diese kurzen Stunden und langen Minuten der trunkenen, selbstvergessenen Walzerseligkeit. Doch nie hatte ich dieses Fluidum derart in meinen eigenen Körper aufgenommen wie in meinen ersten Sommern in Pawlowsk, sodass die nüchternen Zeitungsschreiber selbst in eine Art Rausch verfielen, wenn sie von *elektrischen Strömen vom Bogen des Herrn Strauss auf die Zuhörer* sprachen, wenn Sie meine *eleganten* und *exzentrischen* Bewegungen mit *Krämpfen* und *Veitstänzen* verglichen, die *so viele*

Pawlowsker Musikbegeisterte fast bis zu *Anfällen eroti-schen Wahnsinns* trieben. Dabei tat ich nicht viel anderes als in Hietzing oder Hernals, außer dass einerseits die neue Freiheit dem Leib eine größere Ungezwungenheit schenkte und ich außerdem, da im Gegensatz zu meinen bisherigen Erfahrungen die Menschen hier nicht tanzten, sondern saßen, einen Teil der Tanzenergie, den ich von meinen Wiener Drahrern im eigenen Körper gespeichert hatte, sozusagen hierher übersetzte und, unbewusst, ein bisschen für die Leute mittanzte, andeutungsweise anstelle derer tanzte, die diese Tanzlust in den eige-nen zum Sitzen gezwungenen Hüften und Beinen verspürt haben mochten. Denn auch das war neu: Sie kamen, um *zuzuhören*, nicht, um zu meinen Tönen Hühnerkeulen abzunagen, Jungfräuleinschultern abzulecken und stramme Galanenarme zu umklam-mern, nicht, um mit fetttriefenden Mündern und weinseligen Augen im Drehen zu vollführen, was sie sich im Liegen ersehnten, sondern um Musik zu hören, nichts als zu *hören*, meine Musik. Tausende kamen jeden Tag. Tausende fuhren jede Nacht zurück, verkündeten in Petersburg das Erlebte und motivierten neue Tausende, in die Bahn zu steigen und sich, das wurde durch mich zur Hauptattrak-tion, neben anderen mit Pawlowsk verbundenen Genüssen der Musik hinzugeben. Wie zum Motto spielte ich als erstes Stück in meiner neuen Heimat

Der Teufel ist los!, eine fremde Pièce, um mit meiner Sanssouci-Polka die Unbesorgtheit des Programms, heimlich: meines neuen Lebens, zu unterstreichen. Keine Sorgen sollte ich fortan haben, keine Bevormundungen, kein ewiges Sohnsein, mein Mannsein konnte beginnen, Vater war erledigt und Mutter in der Wiener Hutschachtel, ein Brief brauchte so lange, wenn ich heute *Wie geht es zu Hause?* schrieb, dauerte es zwei bis drei Wochen, bis die Antwort kam, solange, bis sie einen wirklich schon fast anfing zu interessieren. Wie die Hauptfigur einer in Wien populären Posse, in der ich nicht gewesen, aber deren Inhalt Stadtgespräch war, wollte ich *einmal ein verfluchter Kerl* gewesen sein, und Pawlowsk schuf mir die ideale Kulisse. Zwar tanzten die Zuhörer nicht, quollen aber, weil es so viele waren, über die zumeist im Freien aufgestellten Sitzbänke hinaus, die Herren überließen ihre Plätze höflich ihren Damen und standen hinten, die Damen verließen diese Plätze unhöflich und standen vorne, nahe bei mir, stechende Blicke flogen von den Herren, schmachtende von den Damen zu mir, kübel- und körbeweise Blumen und Bouqets sammelten sich vor und in meiner Wohnung, in vielen steckten Karten mit Einladungen zu Teekränzchen und vermeintlich weniger züchtigen Rendezvous, in den Kolonnaden drängten sich die, deren Ungeduld den Umweg über Blumen und Briefe nicht aushielt, und über manche dort stattgefundene Begegnung sah sich die Eisenbahngesellschaft genötigt, mir diskrete Ermahnungen zukommen zu lassen. Das Bier schmeckte, der Champagner, der unaufhörlich fließende Strom des Weiblichen, das Bewundertwerden, der Erfolg. Nie war ich so kräftig gewesen, so gesund. Das Orchester spielte meine Walzer gut, die vier Wiener griffen tüchtig an und rissen die Norddeutschen ohne Erbarmen mit, *Gott wollte*, schrieb ich meinem Verleger, *dass ich in Wien eine solche Kapelle hätte*, hier war mein Musizieren wie aus einem engen Flaschenhals nach oben gestiegen und hatte den Korken zum Knallen gebracht, hier schäumte sie, hier schäumte mein Leben, nur hier, schrieb ich, lebt man, *Man lebt*, schrieb ich, *nur in Russland!*

Diese Euphorie meinem vor allem am Rechnerischen interessierten Wiener Notentandler eingängig zu machen, setzte ich *Hier ist Geld* hinzu, *und wo dasselbe vorhanden ist, existiert Leben, nur Leben.* Auch, um meine Mutter zu beruhigen, der jedes Brieffitzelchen von mir zugetragen wurde. Ich war so gut bezahlt wie nie zuvor. Aber das war von dem großen Fest, das Pawlowsk mir und das ich Pawlowsk bereitete, nur der kleine Teil, den ich Wien davon mitteilen, das krämerische *Unterm Strich*, dass ich Wien verständlich machen konnte. Zum ersten Mal aus dem Blickfeld der argivischen Mutteraugen, gingen mir die Goldmünzen und Geldscheine durch die Hände, bleiben wollten sie nicht. Nichts brachte ich zurück von den ersten vier nun wirklich astronomisch honorierten Pawlowsker Jahren. Der verfluchte Kerl trug die Züge einer älteren Wiener Bühnenfigur, des Raimund'schen Verschwenders. Weshalb Mutter bereits im ersten Sommer von Brief zu Brief mehr darauf drang, ich möge mir durch eine vorteilhafte Heirat auch gesellschaftlichen Respekt erlangen und meinen artistischen Höhenflug auf ein solideres Fundament stellen. Doch darauf hatte der gerade zum verfluchten Kerl mutierte brave Schani keine Lust. Zum *leichtsinnigen, unsittlichen und verschwenderischen Menschen,* als den mich die Wiener Obrigkeit tituliert hatte, war ich erst hier geworden, in Wien war zu viel Gehemmtsein dagewesen, zu viel Mutter, zu viel Wien. Die mir leichtfertig umgehängten Attribute waren Vorverurteilungen gewesen, vielleicht waren sie mir auch heimlicher Auftrag. Heimlich war alles bei mir, was mit meinem Inneren zu tun hatte. Es gab keinen Austausch, mit wem immer, über meine Gefühle. Zwischen ihnen und der Außenwelt lag ein Tunnel, durch den ein Zug mit hoher Geschwindigkeit Stunden gefahren wäre, ein schwarzer Tunnel ohne Lichtmarken und Orientierung. Wer sich von draußen hereinwagen wollte, wurde abgewiesen oder kehrte nach den ersten Metern Finsternis freiwillig um. Was von innen nach außen drang, erschrak im Hellen und befremdete die Bewohner der hellen, fremden Welt. Selbst meine Musik war, wie das sonst bei schöpferischen Menschen zu sein pflegt, kein Wegweiser zu meinem verschlungenen Eigenen. Kein verschlüsselter Ausdruck meines sprachlosen Ich. Ich komponierte Walzer, weil das mein Handwerk war, und aus ihnen etwas über mein Seelenleben herauszuhören, hätte ähnlicher Phantasie bedurft, wie aus meinem Stehpult die tiefsten Empfindungen des Tischlers herauszulesen. Natürlich konnte bei dieser Trennung, dieser Unvereinbarkeit zwischen dem Wenigen, was ich der Welt von mir vermittelte und dem Vielen, was mir selbst von mir unbekannt war, nur *eine* Botschaft, *eines* der täglich hundertfach mir zugesandten Billets an mich herankommen, nur *ein* Name unter den Dutzenden Lenas und Jewgenijas den langen Schacht zu meiner inneren Aufmerksamkeit überwinden – und es war nicht einmal ein Name, nur das Wort: *L'inconnue. – Als Zeichen der Verehrung dem Meister Jean dargeboten von der Unbekannten* stand auf Französisch in zarter Frauenhandschrift auf Karten, die in Blumensträußen steckten, in wechselnden Blumensorten immer dieselbe Zeile mit derselben Signatur. Anfang Juni zum ersten Mal, dann jede Woche, bald jeden zweiten, dritten Tag. Und natürlich weckte die Beharrlichkeit dieser nichts sonst von sich preisgebenden Dame – der Schrift nach schien sie jung zu sein, wohlerzogen und selbstbewusst – meine Neugier mehr als alle konkreten Einladungen und Reverenzen. Fast ohne mein Wollen fing mein Blick an, während des Spiels über die sich ans Podest schmiegenden Frauenscharen zu streichen und zu fragen: Ist sie dabei? Ist es diese? Ist es die? Die Unbekannte zog mich an, mehr noch, als dass es die Verheißung eines besonders exquisiten erotischen Abenteuers war, sondern weil ihre Erscheinung mir signalisierte, dass es etwas außerhalb des bunten Reigens gab, den die Pawlowsker Festgesellschaft mit mir aufführte. Und weil mein Herz in all dem Flitter und Wirrwarr noch unerobert war. Verlässlich wie ein alter Hofbeamter pumpte es das erhitzte Blut durch die sich produzierenden Glieder, selbst blieb es ohne Bewegung. Heiß hat das Spiel, kalt das Herz des Spielers zu sein, das hatte ich meinem Vater abgeschaut. Aber das Herz lag auf der Lauer. Keine der Dunjas, Galinas, Anastasijas hatte es von seinem Schattenplatz aufgescheucht, erst eine *Inconnue* ließ es die Ohren spitzen und den Kopf heben und in die Ferne spähen. Die *Inconnue* rief als das Unbekannte von außen, und sprach zugleich das Unbekannte in mir an, das unentdeckte, brach liegende Land. Denn offensichtlich langte die

Unbekannte an Tieferes, Geheimeres als an ein schnelles Kennenlernen, das sie sofort hätte haben können. Die Unbekannte drängte nicht, sie hatte Geduld. Sie zeigte: Sie war da, in meiner Nähe. Mehr forderte sie nicht, ließ sie mich nicht fordern. Sie spielte mit mir, aber ein raffinierteres und doch unschuldigeres Spiel als die anderen. Und sie allein hielt die Karten in der Hand. Ich hatte keine Möglichkeit, sie auszuforschen, die Blumen wurden gebracht, von Dienern, von irgendwem. Bis eines Tages ein Brief kam, der mich dem Geheimnis näherzubringen versprach. Ein angesehener Kaufmann lud mich in sein Haus mit den Worten: *Da meine Tochter Ihnen schon ein paarmal Zeichen ihrer Bewunderung gesandt* ... Weil er ihren Namen nicht nannte, dachte ich, dass es sich um die Unbekannte handeln müsse, und sagte zu. Bald jedoch ging mir auf, dass eine mir nur allzu Bekannte hinter der Einladung steckte: meine Mutter. Sie hatte in ihrem Netz an Beziehungen, in dessen Mitte sie saß, eine sogenannte gute Partie für mich finden lassen. Maria Fränkl war nicht unhübsch, aber sie interessierte mich nicht. Dafür war mir ein anderes weibliches Wesen bei diversen Nachtgesellschaften aufgefallen, immer in der Ferne, am anderen Ende eines gefüllten Saales oder in einem Wintergarten hinter Glas. Ein schlankes, vornehmes, dabei ohne Affektation sich gebendes Mädchen mit schwarzen

Haaren und schwarzen, großen, leuchtenden Augen. Und als ich der Kaufmannstochter Fränkl bei einem unserer geschickt-ungeschickt von ihren Eltern arrangierten Treffen ein holpriges *Danke für die Karten von der Unbekannten* entgegenbrachte, glotzte sie mich groß mit ihren flachen, auf Praktisches zu sehen geschulten Augen an und sagte: *Wieso? Ich habe immer mit Maria unterschrieben.* Von da an vermengte sich die Vorstellung meiner Unbekannten aus den Briefen mit der Erscheinung der Unbekannten in den Festgesellschaften. Und als eines Vormittags – der Park war noch leer, ich eben aufgestanden – ein offener Wagen in einiger Entfernung an meinem Haus vorbeifuhr und ich auf die Terrasse ging, schauten zwei Mädchenköpfe zu mir herüber, deren einen ich in der Erinnerung als den Paulines wiedererkenne, deren anderen ich untrüglich als die endlich Gestalt gewordene *Inconnue* erkannte. Doch es war mehr als das. Gerade in der Fremdheit – denn nie war mir jemand so fremd gewesen; weil ich mich aber nie für jemanden so interessiert hatte, erst das Interesse machte die Fremde spürbar – lag eine seltsam selbstverständliche Vertrautheit, in der Sekunde des Erkennens der Identität der Unbekannten schlug etwas anderes in mir die Augen auf, das mir neu und doch immer in mir gewesen zu sein und auf diesen Moment gewartet zu haben schien. Es sah und wusste zur gleichen

Zeit. Es wusste alles, es war außerhalb jeder Vernunft und Logik. Ruhe lag darin. Und Kraft. Ein großer Ernst auch. Es war, wie wenn man etwas wiedersieht, von dem einem nicht bewusst war, dass man es kennt. Und doch blieb ich im Inneren kalt. In Sekunden hatte ich den Entschluss gefasst, dass ich *sie* besitzen würde. Dass sie zu mir, dass sie mir gehörte. Keine Demut war in meinem Empfinden. Eher der leidenschaftslose Blick des Raubtiers auf das noch unerreichbare, doch langsam einzukreisende Wild. Das Selbstbewusstsein, dass sie ausstrahlte, war gepaart mit einer Unschuld, die ich Unerlöstheit nannte und von der sie zu erlösen *ich* fest entschlossen war. Sodass ich ihr auch, als es bald darauf zum durch mein beständiges Forschen beschleunigten Kennenlernen kam, fest und mit dem, wie ich meinte, lässigen Stolz des im Erotischen ungleich Erfahreneren entgegentrat. Es war auf einem Ball im Schloss eines zarennahen Grafen, dass wir einander auf der Veranda plötzlich allein gegenüberstanden. Schon straffte ich mich, nach einem Moment der Überraschung, auf sie zuzugehen, durchaus mit der pathetischen Bestimmtheit eines Vollstreckers ihres Schicksals, mit meinem ewig strengen Gesicht und stechenden Blick, die ich mir von klein auf zur Abwehr alles von außen kommenden Schreckens angewöhnt hatte, dabei wie immer, sehe ich heute, etwas lächerlich mit meinem nicht großen Körperwuchs und meiner mir damals noch elegant vorkommenden Steifheit, eine gar nicht geschmeidige Pantherkarikatur im engen Frack, als sie, den Kopf leicht senkend und eine Verbeugung andeutend, ins Haus verschwand wie ein Reh in den Wald. Später erst verstand ich, dass es nicht natürliche Scheu war, die sie zu dieser Flucht trieb, sondern gesellschaftliche Konvention: als *Peterburschenka,* als Fräulein höherer Petersburger Kreise, war es ihr verboten, mit einem Mann zu sprechen, dem sie nicht vorgestellt war. Das holte der Gastgeber auf mein Verlangen nach. Und nun war ihr Blick frei, ihr Benehmen völlig ungezwungen. So sehr, dass es mein aufgeblasenes Selbstwertgefühl wie von einer Nadel angestochen zusammenschrumpeln ließ auf einen kleinen, runzligen Rest. Sekunden nach den ersten von ihr in Leichtigkeit und ausgezeichnetem Deutsch geäußerten Worten, in denen es, glaube ich, um meine Musik ging, währenddessen sie mich lächelnd, verschmitzt, in, wie ich meinte, unverhohlener Direktheit eindeutiger Hintergedanken ansah, fühlte sich der Eroberer dastehen wie ein Frack ohne Füllung, ein Schnurrbart ohne Gesicht, eine Künstlermähne mit nichts dahinter, hirn- und hilflos. Doch meisterten die drei, Frack, Schnurrbart, Mähne in Verbund mit der Gewohnheit, meine Unsicherheit mit zwei, drei routinierten Bemerkungen, erprobten

Repliken, zu überwinden, die Situation. Sicher war ich mir nur in einem: dass meine Anziehung auf das weibliche Geschlecht, resultierend aus meinem guten Aussehen, meinem Ruhm und dem immer wirkungsvollen Effekt, als Berühmtheit auf einmal leibhaftig im Raum zu sein, unwiderstehlich war. Den Glanz dieser Wirkung hatte ich in vielen Frauen-, des öfteren auch Männeraugenpaaren gesehen, und ich sah ihn, glaubte ich, in den Augen der sich ihres *Un* (und wahrscheinlich bald mehr) entkleidenden Unbekannten. Weil ich diesen Glanz, dieses Hinschmelzen im Feuer des Begehrens in meiner westlichen Heimat oft gesehen hatte, verwechselte ich ihn in Russland mit etwas anderem, und dieser Irrtum ist mir erst spät bewusst geworden. Wenn du als Fremder in die Augen einer jungen russischen Frau schaust, wirst du für Flirt und Einladung zu ruchlosen Spielen halten, was nichts als Offenheit ist. Eine gewisse *reine* Offenheit, wie die *eines Bergsees in den ersten Frühlingstagen*, so würde ein Dichter sagen. Doch auch Neugier liegt in den seentiefen Augen: Neugier, ob du es bist, der sie zu erobern gekommen ist. Und aber nicht für ein Abenteuer, eine Nacht. Obwohl es natürlich auch das gibt. Aber eher: für ein Leben. Deine Seele suchen die Augen, ohne Umschweife, dein Bestes. Das, von dem du vielleicht selbst nichts weißt. Und es senken sich die Augen durch dein forderndes

Ungestüm, meist aber – vor deinem Ungenügen. Die Diskrepanz zwischen solchen eben nur vermeintlich eindeutigen Angeboten und meinem Drängen, meiner Gier, führte zu manchen Missverständnissen in postkonzertanten Kolonnadenbegegnungen und zu den erwähnten Ermahnungen. Wenn ich von einer Dame abließ, die, wie ich meinte, sehr wohl wollte, sich aber im letzten Moment nicht traute, verstand ich nicht, dass es um Trauen gar nicht ging, sondern um Vertrauen, und das beleidigte ich mit einer schnellen Umarmung und zotiger Ungebührlichkeit. Ich verstand auch zu spät, dass es sich hier nicht um Wiener Wäschemädel handelte, sondern durchweg um Komtessen, zumindest Großbürgerfräuleins, die von meiner sicher manchmal brutal auf sie wirkenden Hutschenschleuderermentalität – der eben noch strahlende Walzerkönig als schwitzender Lustmolch – vor den Kopf gestoßen waren. Meiner eben in Bekanntschaft getretenen Unbekannten gegenüber gab ich mich vorsichtiger, wirkte doch auch die Art ihrer Kontaktaufnahme, die lange Zeit, in der sie hinter den Billets verborgen und namenlos geblieben war, veredelnd nach. Veredelnd selbst mich. Der sich als verfluchter Kerl vor einem, wenn auch behutsam anzugehenden, großen Abenteuer sah. Mein Herz dahinter jedoch war mit Tieferem, Unerprobterem beschäftigt. Und das machte den verfluchten Kerl zum verlegenen Knaben, den er glaubte schon lange abgelegt zu haben. Beides, das Verfluchte und das Verlegene, attackierte ich mit Selbstvorwürfen, denn nach diesem ersten Rencontre kam es zu keinen neuen, und auch die Briefe hörten auf. Dafür peinigte mich, dass meine – vorläufig nur projektierte – Eroberung just zu dieser Zeit selbst verfasste Liebesromanzen veröffentlichte, die zum Teil in der Petersburger Oper gastierenden italienischen Tenören gewidmet waren. Zu denen sie, wie mir ihr Musiklehrer verriet, *hinpilgerte*. Einer davon war Tamberlik, der erste, der das hohe C mit Bruststimme sang – war er es, von dem Rossini sagte, es habe ihn an den Schrei eines Kapauns erinnert, dem die Kehle durchgeschnitten wird? Ihm widmete sie Lieder? Ich widmete ihr – unausgesprochen – meine Polka *L'Inconnue*. Bei der Uraufführung suchte ich sie in der Menge vergebens. Und erst lange danach kam endlich wieder ein Billet mit dem vertrauten Wortlaut. Zu spät. Da hatte ich den Zaren im Umfeld seiner Krönung in Moskau, zu der er mich eingeladen hatte, dem Druck aus Wien nachgebend, schon um Erlaubnis zu einer Heirat mit Maria Fränkl gefragt. Als ich um ihre Hand anhielt und ihr mit todernster Miene – ich hatte das vor dem Spiegel geübt – meiner Liebe versicherte, wirkte ich überzeugend. Aber als sie mich errötend fragte, ob mit der *Unbekannten*, meiner Polka, sie gemeint sei, lachte ich ihr ins Gesicht. Wie verletzend das für sie gewesen sein muss, kann ich erst heute, nach dreißig Jahren, verstehen. Damals dachte ich über meine Wirkung auf Leute, die mir gleichgültig waren, nicht nach. Und das war erst der Anfang der Pein, welche sie durch mich erlitten hat. Denn sie konnte nichts dafür, dass sie in meinen Gedanken die falsche Braut war. Ohne dass es zwischen Olga und mir zu mehr als diesem einen kurzen Treffen gekommen war. Aber das war so reich gewesen, dass es mir für Wochen, Monate, ja, wie es sich dann herausstellte, gezwungenermaßen für zwei Jahre Stoff zum Träumen gab ... und mir, dem der Begriff *Treue* so fern war wie ein Dorf im tiefsten Afrika, sogar Anlass dazu. Etwas von Olga Ausgehendes war durch die Frackpose meines Wiener Charmes, den der Wiener an sich und erst recht das Kind einer Künstlerfamilie in die Wiege gelegt bekommt, zu mir hindurchgedrungen und hatte sich dort eingenistet als etwas, das es zu bewahren galt, wie ein Mondgestein von Echtem auf einer Halde Verlogenheit, Verbogenheit, Verworfenheit, etwas, dem gegenüber mir fortan jeder andere Umgang mit Weiblichem als Verrat erschien. Noch wurde ich nicht zum Mönch, wie später in meinen Ehen, aber der *Verfluchte* begann, diese Selbstbezeichnung wörtlich zu nehmen, und die Leichtfertigkeit reduzierte sich. Die Ehe mit einer Anderen, meiner Mutter zuliebe angestrebt, schien mir, je näher sie kam, desto unmöglicher. Unter Bauchschmerzen machte ich alles mit: die Verlobungsfeier, die grauenvolle Tour durch die Häuser der Verwandten, die Planung der Hochzeitsreise auf die Krim. Aber als die arme, reiche Kaufmannstochter schon umringt von ihrer aus allen Gegenden des Landes angereisten Sippe im Brautkleid in der Kirche saß, ließ ich mich auf dem Weg zu dieser in einer operettenhaften Polizei-Charade, eingefädelt von meinen einflussreichen Bekannten, unter Vorspiegelung von Unstimmigkeiten mit meinen Papieren zum Schein verhaften, um der Heirat zu entgehen. Alle habe ich vor den Kopf gestoßen. Wie sehr ich in Russland geachtet gewesen bin, lässt sich auch daran ermessen, dass man mir diesen Lausbubenstreich, den ich auf hohem ausländischem Parkett, unter den Augen der gesamten guten Petersburger Gesellschaft und nicht ohne Affront dem Zaren gegenüber, der mir die Einwilligung unter Umgehung aller Bürokratismen erteilt hatte, verziehen hat. Olgas Blick war es gewesen, ihr Abschiedsblick auf dem gräflichen Ball. Es war etwas in ihm, das Erwartung, Sehnen, Vertrauen zu nennen der Wahrheit nahekommt, für das mir aber jedes Wort, jede Eingrenzung zu billig erscheint. Dieser Blick ließ mich nicht mehr los. Und alles, alles, was in den zwei Jahren bis zu unserem Wiedersehen geschah, jedes Konzert, und selbst manche meiner fleischlichen Schwäche geschuldete Umarmung, war nichts als ein unerschütterliches Bewahren, ein Festhalten dieses Blicks bis zu seiner Erneuerung.

Die Abreise steht bevor, und kein Brief von Olga. In elf Jahren habe ich Russland nicht so schrecklich erlebt. Ich sperre mich in mein Angst-Kammerl, das mir Hotelzimmer von jeher sind, erschlage Fliegen und arbeite. Was sonst kann ich tun? Ich denke jetzt oft an die Tage nach Jettys plötzlichem Tod vor acht Jahren. Ich meldete mich krank, verließ die Villa in Hietzing und zog ins Hotel. Draußen begruben sie meine erste Frau, draußen feierten sie Ostern, draußen kam der Frühling. Ich hockte da, starr vom Schreck des völligen Verlassenseins – Mutter war schon lange tot – und konnte mich nur durch Werbung und Aquirierung der nächsten Braut hinausarbeiten, hinausquälen in Lillis vierjähriges Marterregiment. Sie hat mir dann ja als Abschiedsgeschenk den Rat gegeben, ich solle mich umbringen. Jetzt hocke ich wieder in einem Hotel. Man bietet mir Unsummen, wenn ich noch in Moskau auftrete, aber ich will nicht. Vor dreißig Jahren spielte ich im Bolschoi-Theater vor leerem Haus. Als Grund für meine Abneigung nannte Adele dem Agenten gegenüber *Sehnsucht nach Wien.* Ich musste auflachen, konnte es aber als Verschlucken an einem Stück Kuchen cachieren. Sehnsucht nach Wien. Nach dem ersten russischen Sommer, den ich trotz meiner Verhaftungsposse bis Dezember hinstreckte, begannen die vielen Jahre des Hin und Her zwischen Himmel und irdischem Jammertal. Dabei hätte ich mich auch in diesem in den Wolken fühlen sollen, denn die Wiener begrüßten mich als ihren zurückgekehrten König. Aber wenn Pawlowsk es bei mir leicht hatte, hatte Wien es zunehmend schwer. Wie unreif ich war. Wie stocksteif. Wie unwürdig allem, was das Leben mir entgegenbrachte. Ich kehrte zurück, als wäre ich ein Jahr auf dem Mond gewesen, und fand das Dagebliebene alt und klein. Wieder zu Hause, wollte mein über mich Hinausgewachsenes über den familiären Esszimmertisch zerfließen, und konnte ich es nur mit verbissener Strenge bei mir halten. Die Sprachlosigkeit wurde mir als Eitelkeit ausgelegt und vergrößerte den Abstand zu den Meinen, die froh sein wollten, mich wieder bei sich zu wissen. Am schlimmsten war die Rückkehr nach dem zweiten Sommer, in dem ich Olga nicht gesehen hatte, weil sie mit ihrer Mutter im Ausland war. Was das mit mir zu tun hatte, weiß ich bis heute nicht. Aber wenn ich bedenke, wie ihre Liebe im dritten Sommer zur Flamme und im vierten zum alles in mir in Feuer steckenden Flächenbrand wurde, muss ich davon ausgehen, dass sie zu der Zeit, als sie Liebesromanzen nicht nur für italienische Kapaune und mir ihre Anknüpfungs-Billets schrieb, zumindest schon entzündet war. Und sie jeder Peinlichkeit mit mir, der ich mich gesellschaftlich unmöglich gemacht hatte, mit einer ganzsommerlichen Abwesenheit aus dem Weg gehen wollte. Oder: musste. Das bedeutete für mich, dass an der Oberfläche alles weiterging: Der Park von Pawlowsk blühte unter meinen Melodien, sie in ihm, die Menschen stürmten mich, die Mädchen drängten sich, und ich genoss und empfand hinter dem Genuss die Abwesenheit einer Unbekannten, die ich nur einmal gesprochen hatte. Wenn ich daran denke, überlege ich, die Konzertreise nach Moskau vielleicht doch zuzusagen, nur, um länger auf eine Nachricht Olgas warten zu dürfen. Seit ihrem allerersten Billet warte ich ja eigentlich. Auf ein nächstes. Seit der ersten Begegnung auf eine zweite. Wieder hatte Olga die Zügel der Zeit in der Hand, und ich zu akzeptieren, dass einmal ihre Schönheit aus der Nähe geschaut zu haben, für zwei Jahre genügen musste. Meine pathologische Ungeduld zu zähmen, war eines der Dinge, die ich im Umgang mit den Russen lernte. Kam ich aus Pawlowsk nach Petersburg, meinen Verleger zu treffen, erwartete er mich nicht wie ausgemacht am Bahnhof, wartete ich auf ihn, bis er nach zwanzig

Minuten lachend im Gespräch mit einem Bekannten daherschlenderte, den er auf der Straße getroffen hatte. Holte ich beim Schuster ein Paar Maßschuhe ab, verschwand der Mann so lange, bis ich mit der Einrichtung eins geworden war und mich eine Kundin für den Besitzer hielt. Ständig wartete ich irgendwo. Und immer stand ich da mit meinem getrimmten Schnauzer und meinem streng gescheitelten, damals noch naturschwarzen Haar, immer am Sprung, immer die Uhr im Anschlag, während um mich das Leben gemächlich dahinging und keine Eile zu haben schien, sondern alle Zeit. Und das war Petersburg. In Pawlowsk war ich mit meinem gehetzten Naturell fehl am Platz. In Pawlowsk war nicht Achtzehnhundertsechsundfünfzig. Es war noch etwas von der Gemütlichkeit der Raimundzeit am Anfang des Jahrhunderts, die die Wiener gerne heraufbeschwören. Als gemüthlich noch mit h geschrieben wurde und aus dem Gemüt kommend hieß. Aber in Wirklichkeit war Pawlowsk in der viel älteren Epoche stehen geblieben, die es erdacht und errichtet hat, vor der französischen Revolution, in der Jugendzeit des späteren Zaren Pawels, mit den zartbeschuhten Füßen noch im spielerischen, im leicht-sinnigen Rokoko. Davon erzählten sein Palast, sein Park, die Sommerdatschen der Aristokraten, hier war die in meinem ersten Jahr in der Eisenbahngesellschaft diskutierte Forderung eines

Moskauer Ökonomen, in der Ära der expandierenden Zugverbindungen müssten Entfernungen nicht mehr in Raum-, sondern in Zeiteinheiten dargestellt werden, nicht nachvollziehbar. Ich verstehe davon nichts. Aber Pawlowsk war reinster Raum, alleine schon, weil so viel Platz war. Die Zeit schlief. Oder war nicht da. Und selbst, wenn sie neuerdings als Zug herangefahren kam, verwandelte Pawlowsk das, was in den Passagieren an Zeit stecken mochte, schon beim Aussteigen in zeitlosestes Raumgefühl – doch auch *Raum* war für diesen Ort der Weitläufigkeit, der Offenheit nach allen Seiten und nach oben hin ein armes, falsches Wort.

Adele hat mich gefragt, ob wir heute einmal Boeuf Stroganoff speisen gehen. Gegen das Speisen hätte ich nichts, aber gegen das Gehen. Und ich habe Angst vor den Preisen. Die Leute glauben immer, ein Millionär könne sich alles leisten. Ich habe, je mehr verdiene, desto größere Angst. Die Geldnot der Kindheit steckt in mir. Ich habe auch, wo ich stehe, immer das Gefühl umzufallen. Ich muss mich dauernd irgendwo anhalten, zumindest mit den Fingern die Sicherheit ertasten, mich wo anhalten zu können. Es ist keine Alterserscheinung. Vielleicht ist mir unbewusst schwindlig, weil ich mein Leben lang nichts als Walzer im Kopf habe, Polkas und Galoppe. Weil sich alles in mir dreht. Oder die

Millionen unter mir wirbelnden Tanzpaare mich immer mitreißen wollten in ihren Orkus. Wenn ich eine Photografie von mir sehe, finde ich, ich sehe aus wie ein Kind, dass man im Wald stehen gelassen hat und das trotzig behauptet: Es macht mir nichts. Ein altes Kind. Oder, sind andere neben mir, wie mein eigenes Standbild mit meinem zu großen Kopf und meiner Unfähigkeit, nachlässig zu sein in Frisur und Kleidung. Ob ich mit meiner Braut Boeuf Stroganoff speisen gehe oder allein in meinem Zimmer sitze, hat auf mein Äußeres keinen Einfluss. Ausgehfein bin ich so und so, nur dass mir im Restaurant unwohl wäre, weil mich heute wieder die Gicht im Nacken nicht nach links und rechts schauen lässt, weshalb mich die Kellner für unhöflich hielten, und ich nur geradeaus – auf das Boeuf oder die Braut schauen könnte. Wäre das Boeuf gegessen, könnte ich nur noch auf die Braut schauen. Geht sich die Braut die Nase pudern, schaue ich nur mehr vor mich hin, und das kann ich im Hotelzimmer auch. Und billiger. In meiner Jugend sah ich aus wie ein Laufbursche mit dem Drang zu Höherem. Wagner hätten sie nie für einen Schuster gehalten. Bruckner eher. Aber Bruckner hätte mit einer Drehung alles umgestoßen mit seiner weiten Jacke und seinem bäurischen Ungestüm. Schumann kann ich mir beim Schuhmacher nicht vorstellen. Als er im Irrenhaus starb, hat sich seine

Hinterbliebene auch von Brahms die Schuhe kaufen lassen. Oder? Meine Gedanken schweifen ab. Ich habe Olga nie Schuhe gekauft. Nicht einmal einen Brillant. Im dritten Sommer, als sie endlich wieder da war, habe ich unser Wiedersehen nicht dem Zufall überlassen. Da ich Ende August keinen Brief von ihr noch sie zu Gesicht bekommen hatte, ließ ich ihr über ihren Musiklehrer – der übrigens selbst in Wien ausgebildet worden war – ausrichten, eines ihrer Stücke bei einem Benefizkonzert für Witwen und Waisen meines eben an Trunksucht verstorbenen Pawlowsker Konzertmeisters aufführen zu wollen, womit sie, immerhin in einem Atem mit Verdi und Beethoven zum ersten Mal gespielt wurde und wenigstens unsere Namen neben- respektive übereinanderstanden. Es war meine Gewohnheit, Piècen hiesiger Amateurkomponisten, mitunter auch schlechter, ins Programm zu mischen. Das mehrte das Publikum, mein Ansehen und meinen Weinvorrat. Olgas erster Brief nach zwei Jahren drückte ihren Dank aus und die Frage, ob sie mir ihre neue Romanze zukommen lassen dürfe. Als Adresse für eine Antwort nannte sie die der Familiendatscha im Pawlowsker Park. Ich wusste von da an, dass zwischen uns keine fünfzehn Minuten Fußweg lagen, und bat sie kraft meines kapell- meisterlichen Amtes rundheraus zu mir. Unser ers- tes Rendezvous hatte so den Anstrich des

Professionellen, und nur darum ließ sich die *Peter-burschenka* bewegen, allein in die Wohnung eines Junggesellen mit fragwürdigem Ruf zu kommen. Sobald sie eintrat, verstand ich, dass ich mit diesem Arrangement einen Fehler gemacht hatte. Denn *ich* war in meinen eigenen Wänden, beraubt des sozialen Podestes, auf dem mich zeitlebens die Bewunderung der anderen, nie irgendeine eigene Sicherheit hielt, jedes Selbstbewusstseins beraubt. Und *sie* war in den zwei Jahren noch schöner geworden. Olga ansehen hieß, einer schon an sich vollendeten Rose beim unaufhörlich voranschreitenden Erblühen zuzusehen, und man fragte sich, wie die Schönheit auszuhalten wäre, welche die beinahe geschlossenen, doch an den Rändern sich erwartungsvoll der Öffnung zuneigenden Blätter noch verbargen. Alles an ihr sprach von Sehnsucht, Verlangen, Aufbruch – mit der frischen, Generation für Generation ans Licht tretenden Reinheit der Jugend, schalkhaft gebrochen von einer nicht zu übersehenden Neugier auf das, was dieser Reinheit nahetreten, sie übertreten, zerreißen und beflecken sich anzumaßen bereit wäre. Ich stand da – wie versteinert. Meine Wände, gewöhnt, nur mich zu sehen, bogen sich vor Verwunderung, meine Haare standen mir zu Berge, alles an mir erhob sich, richtete sich auf, wirklich alles. Hier war der Mensch eingetreten, den ich erwartet hatte, zweiunddreißig bleierne

Jahre, ich wusste es in dieser Minute mit der gleichen konkreten Unausweichlichkeit, mit der man eine Todesnachricht empfängt. Mein Schicksal hatte sich erfüllt, und ohne die zwei Jahre des Wartens hätte ich diese Klarheit der Erkenntnis nicht gehabt. Jahre, die Olgas Züge schärfer und die gerade noch Kind gewesene Achtzehnjährige zu einer die Dame in sich ahnenden Zwanzigjährigen gemacht hatten. Diese zwei Sphären kämpften noch, der endgültige Sieg war nicht ausgehandelt, das Kind zerrte mit Unbedacht und Leichtfertigkeit am Festeren, Ernsteren der werdenden Frau, oft wechselte es in Augenblicken, manchmal schien es, als gingen sie zu zweit. Ich dagegen rang darum, die Haltung des weltberühmten Mannes und erfahrenen Verführers zu bewahren und stand doch nichts als in Flammen. Die Erregung schmolz meinen Witz, ohnehin dünnes Eis in mir, auf ein Minimum, machte meine Worte trocken und die Lippen schmal. Nüchtern bat ich gleich zur Arbeit, weil meine Zeit knapp wäre. Eine Bemerkung, für die ich mir die Zunge abbeißen wollte, weil ich bis zum Abend nichts zu tun hatte und es nichts gab, wofür ich das Beisammensein mit diesem Engel hätte tauschen mögen. Oder war es ein Teufel? Die schlechte Erfahrung mit Menschen machte mich skeptisch vor allem, was mir gefiel. Und stellte die Hörner auf, neigte ich mich jemandem zu – was kaum geschah, aber auch, neigte sich mir jemand zu. Gleichzeitig mit der schon lange schwelenden und nun aufbrechenden Verliebtheit regte sich eine Feindseligkeit gegen das Wesen, das mich aus der fast schon in sich ruhenden Gewöhnung, mit der ich mein Unglücklichsein trug, zu reißen anschickte. Mein Leben wird nicht mehr dasselbe sein, dachte ich, als ich sagte: Nehmen Sie Platz. Meine Einsilbigkeit bewog sie, mir ohne Umschweife die Romanze auf den Tisch zu legen. Da ihre früheren Lieder Vertonungen von Liebesgedichten waren, interessierte mich vor allem der unter die Singstimme geschriebene Text, und da mir das Kyrillische ein spanisches Dorf war (bis heute ist), bat ich sie, mir zu übersetzen. *Tak i rwjotsa duscha!*, sagte sie feurig, mit einer wilden Bewegung beider Arme und hart rollendem R und hielt inne, als wäre es unmöglich, diesen Satz nicht zu verstehen, und ebenso unmöglich, ihn adäquat zu übersetzen. *Und so reißt sich*, sagte sie und wiederholte die Geste – auch im Deutschen rollte ihr R – und stockte und suchte: *die Seele … das Herz … aus der Brust, der jungen … will … ein anderes Leben!!* Das letzte rief sie und lachte, und da verzog auch ich meinen Mund und mein Bart bog sich nach oben. *Es wäre besser… zu zweit… am Fluss sitzen.* Zu sitzen, konnte ich mich nicht enthalten, zu korrigieren; *zu*, sagte sie, warf sich das *zu* aber mit einer Handbewegung über die Schulter, was eine kleine Attacke gegen das Deutsche mit seiner penetranten Gründlichkeit war, wohl auch gegen meine Spitzfindigkeit, da es doch *besser wäre… zu zweit das Grün… und die Blumen zu schauen …* hier blickte sie mich fragend an, *an*zuschauen sagte ich nur halblaut und mit einem Kopfschütteln, das die Grammatik für nun aber wirklich unwichtig erklärte, was sie dankbar aufnahm und damit auch mich zwang, mich endlich auf den Inhalt zu konzentrieren: das Verlangen, *zu zweit auch im Winter* zu sein, den *Freund nachts zu umarmen,* sagte sie und umarmte mit den Armen die Luft zwischen uns, hielt inne und zeigte auf die Fermate, das Haltezeichen, das an dieser Stelle der Liebesvereinigung in den Noten stand … und fügte schnell, da der dramatische Höhepunkt erreicht worden zu sein schien, hinzu, dass es auch Teil des Wunsches wäre, *ihn* am Morgen zwar *zu verabschieden,* am Abend aber *am Tor* wieder *zu erwarten. Möchten Sie es spielen?* fragte sie, schlug mit der flachen Hand auf die Blätter und schaute zum Klavier. *Ich möchte* Sie *hören,* wand ich mich aus der Verlegenheit, dass ich, was niemand für möglich hält, schlecht vom Blatt spiele. Ich bin überhaupt ein miserabler Pianist. Ich mag das Klavier nicht, mein Vater hat es mir verleidet. Sie hingegen behandelte es mit einer Professionalität, die meiner männlichen Berauschtheit die Bewunderung des Musikers hinzufügte und meine Achtung, die ich ihr gegenüber von Beginn an empfunden hatte wie noch keiner Frau, erhöhte. Die Führung ihrer Hände, die Haltung, ihr ganzes Spiel verriet einen profunden Unterricht von klein auf. Sie intonierte sicher und sang frei, ohne sich selbst beim Singen zu bewundern, wie das vieler Sänger Unart ist. Trotz der Gewandtheit ihres Vortrags sah ich, wie ihr Herz schneller schlug und jedes Mal, wenn sie die zumeist halb geschlossenen Augen kurz auf mich, der ich neben dem Flügel stand, richtete, Farbe in ihre im Lächeln aufzuckenden Wangen schoss. Und da ich wusste, wovon sie sang, und sie wusste, dass ich es wusste, geschah an diesem Nachmittag mehr, als dass eine begabte Anfängerin einem Meister ihr Lied vorführte. In dieser Minute, da sie den Worten des Gedichts ihre Musik und ihren Gesang gab, des einzigen Gedichts, das in der Zeit unserer Trennung in Töne zu setzen es sie verlangt hatte, öffnete Olga mir ihr Herz. Wenn sie vom *Freund* sang, sah sie mich dabei an, und wenn sie um ihn *die Arme schlingen* wollte, sehnte sie sich nach einer Umarmung von mir. Mein Bart spannte sich von einer Zimmerwand zur anderen, und dahinter und darüber starrten zwei blöde harte, doch feuchte Augen auf dieses zauberhafteste aller Geschöpfe, das in meiner Einsiedelei vor mir saß, auf dieses Wunder, dass in mein dürres Leben gefallen war. Dabei habe ich noch nicht von ihren

Händen gesprochen, die mich vielleicht am meisten faszinierten. Nichts an ihnen war im Detail außergewöhnlich, weder waren sie besonders groß noch die Finger länger als um durchschnittliche pianistische Anforderungen zu erfüllen, aber wie weich sie sich hoben und senkten, wie zart und doch mit welcher Bestimmtheit die Fingerkuppen die Tasten berührten, als stünden sie zu ihnen in einem vertrauten Verhältnis, als würden sie zu jeder persönlich *Du …* und *Du …* sagen, welche Kraft und Biegsamkeit die schlanken Handgelenke vereinten, in welcher Harmonie die Präzision des Spiels mit den inneren Regungen der Spielerin, offenkundig im lebhaft sich wiegenden, immer geraden, nie seinen Stolz, seine Majestät verlierenden Oberkörper stand, all das war Ausdruck aristokratischer Würde und Schönheit, wie ich sie noch an keinen meiner Kleinbürgerfräuleinschülerinnen erlebt hatte. Die Romanze führte ich in meiner Orchesterversion auf und sie erfuhr, von meinem Verleger vertrieben, als einziges von Olgas Stücken mehrere Auflagen. Nach dem ersten Sommer der flüchtigen Begegnungen und dem zweiten des Wartens hatte uns der dritte durch die Musik so miteinander verwoben, dass es keine Minute mehr gab, in der ich nicht an sie gedacht hätte, und ich weiß, dass es ihr genauso ging.

Doch der Sommer neigte sich zu Ende, und mit ihm mein Vertrag der Eisenbahngesellschaft, nach dem Probejahr auf zwei Saisonen beschränkt. Die Wiener Zeitung, die schrieb, *Herr Kapellmeister Johann Strauss beabsichtigt in der nächsten Saison hier zu bleiben und seinen Bruder Josef nach Russland zu schicken* hätte schreiben sollen: *Herrn Kapellmeister Johann Straussens Mutter beabsichtigt ...*, denn *sie* hatte am vorigen Weihnachtsabend feierlich erklärt, dass nach Vertragsende Schluss wäre mit meinen *russischen Flausen*, die doch keinen Gewinn brächten, in der Summe sogar erhebliche Verluste, womit sie recht hatte, denn ein Johann-Strauss-Orchester mit Josef oder gar Eduard Strauss (Aushilfsmöbel zwei) am Pult brachte bedeutend weniger Einnahmen als mit mir. Strauss war nicht gleich Strauss, der Vorname musste auch stimmen, die Wiener ließen sich *ihren* Johann so kurz nach dem Tod des vorigen nicht schon wieder austauschen. Sodass eine große im Ausbruch befindliche Leidenschaft zweier noch uneingestanden Liebender nicht bloß von meiner baldigen Abreise überschattet, sondern regelrecht zum Scheitern verurteilt war. Wir klammerten uns an jeden Tag, bald an jede Minute möglichen Zusammenseins. Zu mir lud ich Olga nicht mehr, das wäre zu verfänglich gewesen, zu ihr war ich geladen, doch die Smirnitzkijs hielten großen Hof und wir waren keine Sekunde allein.

So begann ich mit dreiunddreißig, etwas zu tun, was vielen jungen Leuten meiner Generation eine Selbstverständlichkeit, mir bis dato fremd gewesen war: meine Beine zwecklos, ohne um von einem Punkt zum anderen zu gelangen, in der Natur zu bewegen. Was blieb, war anfangs des Tempo, das ich mir aus Gelangensgründen angewöhnt hatte, und eine völlige Hilflosigkeit des gesamten Körpers im langsamen Dahingehen, welches Olga hingegen angeboren zu sein schien. Sie war wie in ihrem Element im Schlendern, Dahinstreifen, plötzlichen Innehalten und unvermittelten Losrennen über einen Abhang, im minutenlangen Stehen, um im Wald mit dem Kopf im Nacken zu den Blätterkronen aufzuschauen oder in Betrachtung eines Eich- hörnchens, an dessen Sprüngen und Baumstamm- erkletterungen sie sich nicht sattsehen konnte. Lange Zeit – in diesem Sommer noch ganz – stand ich bloß daneben und wartete, bis sie fertig war mit dem Schauen. Ich selbst schaute nicht. Ich bemühte mich, nicht zu sehr zum Weitergehen zu drängen. Obwohl ich in diesen Momenten nicht hätte sagen können, wohin es mich zog, außer – zu ihr. Wo ich ja war. Aber nichts anderes, nichts außer uns interessierte mich. Ich wunderte mich von Mal zu Mal, dass sie mich wieder sehen wollte, ein so langweiliger Begleiter war ich ihr. Aber sie wollte. Höhepunkt unserer gemeinsamen Initiativen dieses

Septembers war ein Besuch der Oper in Sankt Petersburg. Dass sie mich dazu überreden konnte, bewies mir endgültig, wie sehr ich meinen Kopf verloren hatte. Denn erstens musste ich mich für diesen Abend in Pawlowsk vertreten lassen, was weder bei Publikum noch Dienstgeber gut ankam, und zweitens hätte ich an einem musikfreien Abend alles lieber getan, als mich wieder in den Frack und ein vollgestopftes Theater zu zwängen, noch dazu, um eine italienische Oper zu sehen, wo wahrscheinlich einer der Widmungsträger von Olgas Liebesromanzen an der Rampe herumgockelte. Der verworrenen Handlung des Barbier von Sevilla konnte ich nicht folgen, wie ich keinen Bühnenhandlungen folgen kann, auch den eigenen nicht, und dass Olga, die nicht fassen konnte, dass ich das Stück nicht kannte, mir fortwährend flüsternd erklärte, was vor sich ging, machte es nicht besser. Das einzig Gute war, dass jedes Mal, wenn sie sich erklärend zu mir neigte, ihr wunderbarer Duft mich umfing und ich es heimlich genoss, ihre funkelnden Augen und ihre sinnlichen Lippen so nahe betrachten zu können wie nie zuvor. Später gratulierte ich mir zu meiner Standhaftigkeit, die Situation – wir saßen alleine in der Smirnitzkij'schen Familienloge – nicht ausgenützt zu haben. Da auch von ihr kein Zeichen der Ermunterung zu erkennen war. Am Tablett der Öffentlichkeit verhielt sie sich untadelig, und zu dieser Öffentlichkeit gehörte wohl auch das Dunkel einer Bühnenloge, was ich mir anders vorgestellt und, ehrlich gesagt, erwartet hatte. Nur manchmal spürte ich von der Seite die Wärme ihres Blickes auf mir, wenn sie mich, den Musikmeister, in die Musik versunken zu sehen meinte. Doch eher zählte ich die Bassgeigen und Hörner und wunderte mich, dass das Genre der Operette, als dessen Erfinder Offenbach in Frankreich und ich in Wien gelten, beim viel älteren Rossini schon längst im Laufen war, wenn auch opernhaft verbrämt und mit über weite Strecken originellerer Musik als meiner. Höhepunkt des Barbier war für mich, als sich unsere Knie in der Loge berührten und Olga ihres überraschend nicht zurückzog. Natürlich tat ich es auch nicht. Im Sinn der Konvention war das von ihr eine Verletzung ihrer Erziehung, und von mir eine Frechheit. Zwei, drei Minuten ruhten sie aneinander, während auf der Bühne die weibliche Hauptperson etwas von *accende l'amore* sang. *Accende* kannte ich vom Zigarreanzünden. Hinüberzuneigen traute ich mich nicht, weil das den Zauber unserer heimlichen Intimität zerstört hätte, aber ich drehte den Kopf halb zu ihr und wisperte, ohne sie anzusehen: *Es geht um Liebe.* Nun hatte ich ihr auch einmal etwas erklärt. Sie antwortete mit einem kaum hörbaren, langen Ausstoßen von Luft durch die Nase, das nur zu einem Teil Lachen über meine überflüssige

Bemerkung, eher Zustimmung zu deren Bezug auf unser beider Situation, Ausdruck von Zärtlichkeit und einer längst in ihr glimmenden, keines *accendere* mehr bedürfenden Liebessehnsucht war. Auf einer Brücke, unter der sich zwei Kanäle kreuzten, verabschiedeten wir uns, da ihre Familie wie die meisten ihr Pawlowsker Sommer- schon für das Stadthaus getauscht hatte. Auf dem kurzen Weg vom Theater gestand ich ihr, dass der ihr versprochene letzte Versuch, den Muttervorstand zu einer Erneuerung meines Russland-Vertrages zu überreden, insofern überflüssig geworden war, weil ich gar keinen Vertrag angeboten bekommen hatte, und ich im nächsten Jahr, sollte es doch zu einer Erneuerung kommen, nun höchstens meinen Bruder schicken würde. Den Spaß vom Aushilfsmöbel verstand oder mochte sie nicht, denn sie blieb ernst. Und die Minuten, die wir von der Brüstung auf die dunkel im Wind bewegten Wasser des Kanals und auf die jetzt schwarz aufragenden goldenen Türme der Kirche dahinter schauten, vergingen schweigend. Schließlich standen wir einander gegenüber. Und widerstanden beide dem Drang nach einer Umarmung. Stattdessen begnügte ich uns mit einem Handkuss, wie er schon Millionen Paaren die Begierde nach mehr ersetzen musste. Auf Wienerische Art, ohne mit den Lippen die Hand zu berühren, vollendet sozusagen, also ohne Erfüllung, die mir – ein Zentimeter mehr! – in dieser Sekunde wie ein Verrat an etwas Größerem zwischen uns erschienen wäre. Mein letztes Konzert der Saison im mir vom Zar als Dank für meine Verdienste zur Verfügung gestellten Bolschoi-Theater war nicht nur in Hinblick auf die Sitzreihen leer. Ich war wie ausgelöscht. Meinen Wienern gegenüber ließ ich mir nichts anmerken und präsentierte ihnen, nach mehr als einem halben Jahr wieder an der Spitze meines Orchesters, die Novitäten der Pawlowsker Saison. Die zwei Stücke von Olga Smirnitzkaja waren nicht darunter. Die gehörten Russland. Die gehörten mir.

Wie vergleichsweise unbeschwert die Wienaufenthalte der vorigen zwei Jahre gewesen waren, die ich als bloße Pawlowskpausen empfunden hatte, als Winterquartier mit absehbarem Ende, verstand ich jetzt, da an eine Rückkehr nach Pawlowsk nicht mehr zu denken war. Und wie immer in den Zimmern meiner Kindheit musste ich mir Mühe geben, mich zu erinnern, dass ich etwas außer ihnen erlebt hatte. So stark dieses Erleben in mir war, stärker als die Gegenwart. Aber Räume haben ihre eigene Macht. Und schwer wird dem freien Geist, sich vorzustellen, eben noch auf offenem Feld stehend einem hoch über ihm kreisenden Adler zugesehen zu haben, wenn sein Ohr wieder dem traurigen Gru-Gru der morgendlichen Tauben unter dem Dach ausgesetzt ist, wenn die Wände ihn einschließen, welche seine Kinderkrankheiten geschaut und die nächtelang auf sie starrenden Blicke seiner jugendlichen Träumereien in sich gespeichert haben. Ihr Niefortgewesensein und ihre Überzeugung, dass es richtig war, nun auch wieder mich zwischen sich zu haben, tat weh. Wie die Selbstverständlichkeit, mit der die Hausgemeinschaft mich in ihre täglichen Rituale reintegrierte, fast so, als wäre ich nie weggewesen. Waren die Fragen nach meinen *Reiseabenteuern*, wie die Brüder meine jeweils zumindest halbjährlichen Lebenswirklichkeiten nannten, die letzten zwei Frühwinter peinvoll gewesen, war in diesem die Unterlassung jeglicher Fragen eine Qual. Pawlowsk galt als ein abgeschlossenes Kapitel, an das man nicht mehr rührte. Über schon mit dem ersten Frühstückstablett an mich herangetragen Plänen für nächste Sommerkonzertzyklen in Baden und Laxenburg musste ich mich fast übergeben. Auch wenn Laxenburg in monarchisch-gesellschaftlicher Hinsicht ein wenig Zarskoe Selo und Baden ein bisschen Pawlowsk war. Das Hiesige war das Alte, das Dortige das Neue. Das Eine das Gefängnis, das Andere die Freiheit. Von der bukolischen Wildheit Pawlowsks kam ich, das war erschwerend, in die geschlossene Ordnung einer Stadt zurück, einer Stadt zudem, die in ihrer Gesamtheit nicht wiederzuerkennen war. Als ich am Morgen nach meiner Ankunft durch das Rotenturmtor – seit jeher Triumphbogen für heimkehrende Feldherren und Monarchen – gehen wollte, war es nicht mehr da. Rotenturm- und manch umliegendes Tor und Gemäuer waren, just in diesem Sommer, die ersten gewesen, die dem Plan des Kaisers, die gesamte mittelalterliche Stadtbefestigung zu schleifen, zum Opfer gefallen waren. Statt des Tors war da ein hässliches Loch, euphemistisch Schneise genannt, durch das sich in einer Stunde mehr Menschen wälzten als durch das Rotenturmnadelör an einem Tag, und das Loch schien mir als eine hässliche Wunde, die man dem bis dahin unversehrbaren Wien geschlagen hatte. Das ich nicht liebte. Aber wenn mir etwas an Wien nahe war, dann seine Stadtmauer, die man bis vor kurzem lückenlos, das Zentrum umrundend, begehen konnte. Ein für eine Metropole dieser Bedeutung wahrscheinlich weltweites Kuriosum in heutiger Zeit. Ausländische Besucher priesen vor allem anderen diese Bastei, wie die Wiener sie nannten, und die eine Folge von Basteien, Wehrgängen und blühenden Gärten war, alle frei zugänglich und mit prächtigen Ausblicken in alle Richtungen des Himmels hinein. An dieser Mauer hing auch die einzig ungetrübte Erinnerung, die ich an meinen Vater habe. Ich war zehn oder elf, Eduard noch in den Windeln. Vater, von einer langen Konzerttour heimgekommen, lag wie oft nach seinen verschiedenartigsten Touren krank und wie immer ferner als in seinen Abwesenheiten. Doch eines Morgens beschloss er, wieder gesund zu sein, nahm mich an der Hand und ging mit mir über die Brücke, die unsere Vorstadt mit dem Kern des über viele Vorstädte ausgegossenen, aber durch eben diese Mauer in Inneres und Äußeres aufgeteilten Stadtgebildes verband, durch das Rote Tor und auf die Bastei. In der Richtung des Uhrzeigers beschritten wir sie, langsamer, als ich meines Vaters Gang kannte, und schweigend. Ein König umschritt sein Reich, nicht wissend, dass es einen nächsten geben würde, der, noch drei Kopf kleiner, schon neben ihm ging. Erst als wir fast die ganze Runde gemacht hatten, nach gut einer Stunde, blieb er stehen. Er zeigte auf eine Gasse, die auf der anderen Seite des unter uns fließenden Donaukanals an diesen führte. *Da bin ich aufgewachsen,* sagte er. In Gedanken sah ich das Wirtshaus Zum guten Hirten, dass in der Familiengeschichte noch recht lebendig war, den Großvater und sein schreckliches Ende. Nach einer Minute richtete er den Blick in die Ferne, über Kanal, Floßgasse, Kahlenberg hinweg. Über Letzteren hinauszusehen, war für einen Wiener jener Zeit viel, und Vater hatte mehr vom Darüberhinaus gesehen als die meisten seiner Epoche. *Wien ist die schönste Stadt,* sagte er auf einmal trocken, hart und ohne Sentiment. Vom Ton war es, als hätte er das Gegenteil ausgesprochen. Trotz lag darin, Resignation. Ein bitteres Resümee. Oder ein vergeblicher Trost. Der Blick blieb in irgendeiner Ferne, auch war nicht klar, hatte er es mir oder sich selbst gesagt, sich selbst damit ermahnt oder meine Zukunft, an der ihm sonst nichts lag. Es war, als hätte es einmal gesagt werden müssen, der feierliche Gang und sein ernstes Ende waren eine Art Manifest – und ein Glaubensbekenntnis. Und wohl war kein Zufall, dass ich daran teilnehmen, der zwei Jahre jüngere Josef zu Hause gelassen werden sollte. Verlängert man die Linie von Vaters Blick, habe ich neulich auf einer Landkarte gesehen, kommt man, mehr als tausend Meilen weiter, geradewegs nach Pawlowsk. Das aber damals, stimmt meine Rekapitulation, noch außerhalb unseres Bewusstseins lag, straussensfremd und tief im Unbekannten, wo es, sozusagen, hingehörte. Nun also das Loch und der Hohn derer, die die Demontage der Wehranlage als Sieg der neuen Zeit priesen, als Zeichen der Öffnung auch in politischer Sicht. Die mich nie interessiert hat. Zeitungen nehme ich nur nach dem Frühstück zur Hand und durchblättere sie höchstens für musikalische Neuigkeiten. Vorerst einmal bescherte die Öffnung und die Anlage einer Ringstraße da, wo die lauten Vorstädte bislang im beschaulichen Glacis zur Mauer hin ausatmeten, der Stadt eine jahrzehntelange Baustelle. Dadurch rückte sie mir in noch größere Ferne zu Sankt Petersburg, das so bleiben wollte wie zur Zeit der Gründung, und Pawlowsk, in dem der einzige Wechsel der der Jahreszeiten war. Und wo gute Geister für mich weiterwirkten – fast ohne mein Zutun. Der Aristokrat Leibrock, mein Diener in organisatorischen Dingen, bevollmächtigt, mich rechtlich zu vertreten, wusste um mich, Olga und meine Not. Er ließ es mir, Mutter und der Welt gegenüber so aussehen, als wäre einem Gesuch zur Vertragsverlängerung, schon im zweiten Pawlowsker Sommer, also lange vor Verhängung des mütterlichen Pawlowskabschaffungdekrets eingereicht, jetzt auf einmal überraschend stattgegeben worden. Und um die Stattgabe nicht durch langwierige Korrespondenz zu gefährden, auch um an den höchsten Stellen niemanden zu verärgern, unterschrieb er einfach für mich. Auf weitere zwei Jahre. So konnte ich einerseits vor der verdutzten Walzerfirmavorsteherin meine Unschuld beteuern – wie gleichzeitig mein Glück einem befreundeten Kapellmeister im Brief anvertrauen: *Nun muss ich zu meiner poetischen Liebe eilen.* Als wäre Dezember schon Sommerbeginn. Erst musste ich mich in die anstrengende Wiener Faschingssaison werfen, aber ich tat es leichteren Herzens. Leibrock war es zu verdanken, dessen Wohlwollen mich einhüllte, wie es sein Name versprach. Und dessen

Vor- und Vatersnamen, also der Teil, mit dem er in Russland angesprochen wurde, zutiefst sommerlich waren wie die Umstände, die uns zusammenhielten: August Augustowitsch.

Februar Februarowitsch, Höhepunktsmonat der fast halbjährigen Wiener Faschingsfürchterlichkeit, war ein unbarmherzigerer Kumpan. Drei Bälle pro Abend, nächtelang, bis in den März hinein in jenem Jahr. Die tägliche Redoutentour kulminierte eine Woche vor deren Ende in einer *heftigen Nerven-Exaltation* des Redoutentourprotagonisten. Bezeichnenderweise brach ich mitten im einzigen Konzert zusammen, das ich mit meinem Bruder Josef gemeinsam abzuhalten mich verpflichtet hatte, eine veranstalterische Geschmacklosigkeit, die zugunsten irgendeiner Wohltätigkeit die brüderliche Kitschkarte spielen wollte und zum Lohn am Ende den Zweitstrauss, mit zwei Orchestern noch überforderter als mit einem, übrig hatte, während der Erststrauss ambulatorisch abtransportiert, in seinem Empfinden: befreit wurde. Wieder verzögerte ein Krieg (diesmal, glaube ich, ein österreichischer irgendwo) meine Abreise. Wieder reichte ich das Gesuch ein, Hofballmusikdirektor zu werden. Doch mit dem neunten Fünften neunundfünzig (dieses Ereignis habe ich mir gemerkt!) endete mein carnevaleskes Wiener Dahinsiechen und begann,

mit dem Grün des neuen Frühlings, meine Wieder-
geburt. Ich hätte, ich schwöre es, die russische Erde
küssen mögen, wie Napoleon die französische nach
drei-, bei mir immerhin fast zweihundert Tagen der
Verbannung. Jetzt aber! Mit diesem Gefühl fuhr
ich in meinen vierten russischen Sommer. Wieder
hatte der Winter, hatte Wien meinen Lebenshunger,
den ich vor Pawlowsk nicht gekannt hatte, bis zur
Unerträglichkeit aufgestaut, nun riss ich die Mauern des Wartens in mir nieder und strömte aus, mit
meiner Leidenschaft dem Löwen der Saison (so
nannte man mich in Petersburg, meinen Walzerkö-
nigtitel ins Tierreich übertragend) genüge zu tun,
aber domestizierter, vom verfluchten Kerl zum
Mann gereift, so wollte ich es zumindest haben.
Nicht mehr von einer zur anderen flattern, die Eine
erobern. Nicht bis August mehr zögern, am ersten
Musikabend spielte ich *ihre* Romanze erneut, ließ
ich *das Herz aus der Brust* sich wieder reißen und
stellte so ein gemeinsames Motto für den Sommer
auf. Nur ein Stück stand vor ihr, Rossini als Hom-
mage an unseren Opernbesuch, und um mit der
Ouvertüre zu Wilhelm Tell auch meinen Freiheits-
kampf endgültig einzuleiten. Gleich hinter Olga
folgte ich, ihr mit dem Titel: *Hinter den Kulissen*
zuzuzwinkern. Kraft des Scherzos aus dem Som-
mernachtstraum wollte ich sämtliche Liebeszauber-
mächte heraufbeschwören und schloss den ersten

Teil, der die reinste Wiedersehensbotschaft an meine poetische Liebe war, unmissverständlich mit dem *Vibrationen-Walzer*. Im Fasching beim Wiener Medizinerball uraufgeführt, wo die Doctores ihn auf ihre Vibrationsgeräte bezogen, stand er nun endlich im richtigen Zusammenhang. Wir sahen einander jeden Tag, setzten unsere Expeditionen in den Pawlowsker Park, die Erkundungen unserer Herzen waren, fort, wo wir sie im Vorjahr aufgehört hatten. Olgas Mutter, eine stattliche Frau, immer festlich gekleidet und mit schwerem Schmuck behängt, empfing mich freundlich und trotz – oder wegen? – meiner Avancen wohlwollend. *Meine poetische Liebe* nannte ich Olga, um sie von dem, was ich bis dahin unter Liebe verstanden hatte, abzuheben. Keine der Umarmungen, nicht in den hiesigen Kolonnaden, nicht im Hinterzimmer eines Ottakringer Tanzlokals, nicht im ersten Stock einer Spelunke am Hamburger Hafen, hatte mein Herz mit eingeschlossen. Keiner der Verführungen, die weniger als mir angedichtet und nie von mir ausgegangen waren. Keine der Berührungen hatte mein Herz so berührt, dass es darüber den Kopf verloren hätte. Ich blieb der berechnende, beobachtende Spieler, der immer den Takt hielt, auch wenn er ihn verlor. Deshalb war mein Inneres so bereit für den einen, nie gehörten Klang gewesen, das geheime Wort, als hätte die, die es sprach, mich lange gekannt. Die Unbekannte war meinem unbestimmten Sehnen vertrauter erschienen als alle anderen, weil sie einen Bogen um alles Oberflächliche spannte und gerade in mich traf. Wie der nackte Armor von einem Gemälde im Pawlowsker Schloss den Pfeil direkt auf den Betrachter zu schießen ansetzt, von welchem Winkel dieser auch an ihn herantritt. Die unbekannte hatte den Schlüssel in meine langsam dahinmodernde – ich war nun schon dreißig – Herzschatzkiste gesteckt, und ich war offen für das eine, bislang unkonzipierte, unkomponierte, unaufgeführte Stück meines Lebens. Diese Vorgänge waren unbewusst. Ich habe sie mir in den vielen Nächten langer Jahre am Stehpult, während meine Walzerproduktionsmaschine lief, zusammengereimt. Damals war es bloß ein Instinkt gewesen. Ein erstes Sich-Rühren eines Organs, von dem ich nur aus Schulbüchern wusste, dass ich es hatte. Ach hätte ich nur meine poetische Liebe öfter Olga genannt, wie sie mich Jean genannt hat, ohne abschweifende Kose- und Phantasienamen. Einmal war sie mein Teufelchen, dann wieder mein Engel, immer musste ich sie in irgendeinem Himmel- oder Höllenreich verorten, statt sie einfach auf der Welt zu sehen. Die Dämonisierung hat mir mein schlechtes Gewissen eingegeben, denn so wie Pawlowsk im Allgemeinen mein Kampf gegen Wien war, war meine Liebe zu Olga meine Befreiungsschlacht aus dreißig Jahren Mutterdiktatur. Ein großes Aufbegehren gegen mein altes Leben waren meine ersten Pawlowsker Jahre, gegen mich als Schani – wie ich zu Hause und von den Wienern, in dieser unerträglich vereinnahmenden, verniedlichenden Verbrämung meines Vornamens, verwendet auch, um mich damit von meinem Vater abzusetzen – genannt wurde. Wie ich dieses Schani immer gehasst habe, wenn es durch die Räume des Hirschenhauses hallte, oder mir von auf diese Weise ekelerregend familiär sich anbiedernden Tanzlokalbesuchern zugerufen wurde. Dieses Schaaani mit dem langen durch die Nase gezogenen A, das immer *von oben herab* zu mir klang, ein einziges Schulterklopfen, Kleinmachen, Kleinhalten war dieses Wort, dieser Unname, dieses Lebenspejorativ, das man mir umgehängt hatte, um mich darunter nie, nie wachsen zu lassen, diese immer zugleich mit der Benennung lächerlich machende Bezeichnung eines Pudels oder alten Hausdieners, als die mich die Wiener eben sahen: ihren Hund und ihren Walzerlakaien, ihren Polkazuckerbäcker und Galoppbutler. Ein Aufstand gegen den Schaniismus sollte mein Russlandfeldzug sein, eine Revolution gegen die Anhimmelungsunterdrückung durch das österreichische Volk, die Flucht des Ödipusserls vor seinem Fluch. Und wurde, ich muss es aus heutiger Sicht anerkennen, nicht viel mehr als – die Rache der Fledermaus. Doch damals, am Beginn des Sommers meines Lebens, rief ich alle Himmels- und Höllenmächte an, Paten meines Liebeswerbens zu sein, und alle Elemente. *Unter Donner und Blitz, Hagel, Sturm, Wolkenbruch erschien mir mein Teufelchen* (so nannte ich es in einem Brief an Olga, wo ich einfach hätte sagen können: Du bist zu mir gekommen); dass, als sie mich verließ, die Sonne herauskam, war mir Anlass, diese zu verdammen und den Sturm zurückzusehnen, die Hölle dem *Himmel* vorziehend. Diese billige Blasphemie diente mir dazu, Olga zur wenn auch spielerischen Verführerin zu machen, die mich aus meiner gesitteten Welt, der Welt meiner Mutter, reißen wollte. Ich schob ihr die Schuld zu, auf die neckisch-verlogene Art, die mich mein Umfeld von klein auf gelehrt hatte. Das Empfinden von Liebe hingegen war mir so neu, dass es nur mit großem äußerem Pathos geschehen konnte, und mit Schuldgefühl, und den schwarzen Peter des Verbotenen schob ich der Frau zu, die ich liebte. Die von den Ärzten sogenannte heftige Nervenexaltation aus dem Wiener Fasching bestimmte die Energie, mit der ich die Pawlowsker Saison anging und als deren Mission ich außer dem vertrauten Arbeitspensum ein mir nur unklar visualisiertes Unterdachundfachbringen meiner poetischen Liebe sah. Im Gegensatz zum letzten Spätsommer, als die Konzerte zu Ende gingen wie die Tage unseres

Zusammenseins, als meine Gefühle frei waren, weil sie keine bleibende Verantwortung zu tragen hatten, lebte ich nun unter Zeit- und Erfüllungsdruck. Mindestens einhundertfünfzig Musikabende, oft auch -nachmittage ohne einen einzigen Ruhetag lagen vor mir, vierhundert verschiedene Orchesterstücke, und zwischen Beethoven, Wagner und Verdi hatte ich den Strauss unterzubringen, den ich unbedingt und unbedingt noch in diesem Sommer als Hochzeitsstrauss sehen wollte. Diesem hehren Drängen stellte sich ein körperliches zur Seite, denn in meiner Wiener Kinder- und Junggesellenkammer hatte ich mir den Vorsatz zurechtgezimmert, nach nunmehr drei Jahren geduldigen Wartens, im vierten Sommer unserer Bekanntschaft, eine echte Liebschaft daraus zu machen, den Mann in mir zu stehen und meinem scheuen, sich in Berührungen rar machenden Fräulein zu zeigen – leider nannte ich es für mich wirklich so –, wo der Bartl den Most holt. Immer noch hatte ich den nicht anders als sexuell zu nennenden Erlösungsgedanken. Ich war ja, denke ich heute, Olga mit der ganzen Verderbtheit, wie sie nun einmal ein Mann meines Metiers, ein Bühnenmensch und Europäer mit Anfang dreißig hat, begegnet und lebte noch jetzt, mit gezücktem Brautstrauss und als vorrückender Brautschaustrauss in dem Wahn, diese Verderbtheit fasziniere sie. Ich verstand nicht, dass ihr mit ruhigem Feuer auf mich gerichteter Blick nicht leuchtete, weil er fasziniert auf meine Verderbtheit starrte, sondern weil er interessiert daran vorbei- und dahintersah. Erst musste ich wieder krank werden, tiefer leiden, um alles Falsch aus meinem Hirn zu brennen und zu sehen, dass der Weg zu Olga mit der schwankenden Verkommenheit meines alten Lebens nichts zu tun hatte, dass sie nicht der Teufel, der mich in seine Klauen, dass sie der Mensch war, der mich aus meiner gewohnten, mir normal erschienenen Hölle zu ziehen bereitstand. Meinem ersten heftig geäußerten Wunsch nach einer dauerhaften Verbindung, ihr noch dazu mit einer plumpen Umarmung aufgedrängt, begegnete sie mit der nicht unfreundlichen, aber in seiner Klarheit tief mich treffenden Zurechtweisung, Sympathie nicht mit Liebe zu verwechseln. Ich hatte, zu lange mit meiner Sehnsucht allein gewesen, ein paar Stufen übersprungen und lag wieder am Fuß der Hochzeitstreppen im Staub. Die Eitelkeit des Walzerkönigs, sein Kommen, Sehen und Siegen gewöhnt, hatte dazu beigetragen, da zu hasten, wo ich glaubte, der Duldsamste zu sein. Die Ermahnung schlug mich nieder. Und immer noch, im Fieber liegend, schrieb ich *Olga, warum hast Du mich nicht verstanden*, strich es zwar durch, aber strich es so durch, dass sie es noch lesen musste, denn Durchgestrichenes weckt, ist es nicht ganz unleserlich gemacht, mehr Neugier als alles Unterstrichene. So sehr hatte ich meine Existenz auf die Erfüllung meiner Liebe gestützt, dass sie unter der Wegnahme dieser Hoffnung zusammenbrach und der von Leibrock gerufene Arzt erschrocken sah, welch schwaches Häuflein von dem stolzen Krieger, den er am Vorabend am Pult siegen gesehen hatte, übrig geblieben war. Beinahe musste ich ihn trösten. Auch meine Ärzte kommen ja, Berühmtheit, die ich bin, aus meinem Publikum. Tritt ein Arzt bei mir ein, ist es immer zuerst der Bewunderer, der eintritt, dann der Arzt. Erst, wenn er seiner Bewunderung Ausdruck verliehen hat, womöglich auch der seiner Frau, mit schönen Grüßen, besinnt er sich, meist, nachdem ich ihn daran erinnert habe, auf den Zweck seines Besuches und öffnet die Arzttasche, in der aber Programmzettel und Stift zum visiteabschließenden Autogramm bereitliegen. Oft erzählen sie mir vor jeder Untersuchung von ihren eigenen Musizierambitionen, einmal hat einer seine Geige mitgebracht und wollte mir vorspielen. Die Ärzte prügeln sich seit jeher darum, in mein Krankenzimmer vorgelassen zu werden und sehen es als Künstlergarderobe. Ich werde selten als Mensch, meist nur als Künstler behandelt. Einer summte bei meinem Eintritt in seine Praxis *Oh du lieber Augustin* und wollte, dass ich das lustig finde. Prüft ein Arzt meinen Puls, weiß ich, er wird im Ehebett davon erzählen, meine Hand gehalten zu haben, schaut er mir in den Hals, sehe ich ihn schon mit neidischen Kollegen beim Schweinsbraten sitzen und sagen: Ich habe dem Walzerkönig in den Schlund geschaut. So erschrecken sie leicht über die Diskrepanz dessen, was wir als Künstler vorgeben zu sein, und dem, was wir als Mensch sind und was das übrige Publikum nie zu Gesicht bekommt. Die Anspannung des Auftritts und, im besten Fall, die Beseeltheit unserer Kunst, blasen uns auf wie ein gestärktes Frackhemd. Im nächsten Moment liegen wir wie ein verschwitzter Fetzen in der Ecke. Die Ärzte addieren ihren Schock über diesen Unterschied zu unserem tatsächlichen Befinden und neigen aus dieser übersteigerten Wahrnehmung zu niederschmetternden Diagnosen. Zudem wollen sie nach Jahren der fernen Anhimmelung auch einmal bei uns Eindruck machen und bewirken, dass wir sie nie vergessen. Wer weiß, ob es nicht einen Platz in den Geschichtsbüchern sichert, dem bekanntesten Musiker der Gegenwart zu prophezeien, er habe nicht mehr lange zu leben. Wie lange? Höchstens zwei Jahre, schloss der Mann, der aus der Ärzteschaft des Zaren und kein Kurpfuscher war. Meinen Autogramm- tauschte er gegen seinen Honorarzettel, den ich gleich Leibrock für die Eisenbahngesellschaft weitergab. Wie ich die vernichtende Auskunft schriftlich an Olga weitergab und damit eine

Umkehr ihres Tons erreichte, ihres Umgangs mit mir, dessen Gefühle offenbar doch ernst zu nehmen waren. Zum ersten Mal ließ sie etwas von *ihren* Gefühlen verlauten, was mich wiederum dazu ermutigte, ihr zum ersten Mal mit Selbstmord zu drohen. Vier Tage später war ich bei den Smirnitzkijs zum Tee eingeladen. Heute bezweifle ich, dass es klug war, so kurz nach der düsteren Arztprognose, die sich sofort herumsprach, einen offiziellen Heiratsantrag zu stellen. Als Todgeweihter saß der Bräutigam in spe appetitlos vor seiner Napoleontortenschnitte und hatte die schlechtesten Karten. Dazu kam mein Minderwertigkeitsgefühl, das ich in adeligen Häusern abzulegen nicht und nicht im Stande war. Meine Hochachtung für diesen erlesenen Gesellschaftkreis und mein gesellschaftliches Ungeschick potenzierten einander. Je mehr ich verehrte, desto tiefer verachtete ich mich selbst, je ungezwungener man mir entgegenkam, desto ungelenker wurde ich. Und wie ich selbst in vertrautester Runde, unter meinesgleichen, mein Lebtag keine Rede, keinen Trinkspruch, ja kaum einmal eine geistvolle, zur Unterhaltung beitragende Bemerkung zustande bringe, war ich auch unter den Augen der Oberstleutnantgattin Smirnitzkaja, die mir festlich aufgegedonnert gegenübersaß, eine Grande Dame mit üppigen Diamanten an Ohren und Fingern, die dafür bekannt war, ihre Gäste wie eine Königin zu empfangen, war ich auch an ihrem Teetisch kein Causeur von Gottes Gnaden. Einmal drehte sie sich sogar um, wie um zu schauen, wo denn der richtige Strauss wäre, statt des schlechten Statisten, den man ihnen da hingesetzt hatte. Eher schien man besorgt, einen nächsten Zusammenbruch zu verhindern, als meinem Gestammel von Liebe und Heirat große Bedeutung beizumessen. Während ich mir zuhörte, dachte ich selbst: Das wird nichts. Und nur der nie ermüdende, feurigzärtliche Blick meiner Geliebten machte, dass ich nicht mitten im Satz aufstand und fortging. Mit verbissenem Gesicht hielt ich mich an den Armlehnen fest, bleich, im engen Konzertfrack, weil ich zum nächsten Auftritt musste. Schani, sagte ich mir selbst, was machst du denn da. Das unmissverständlich, in einen eleganten Satz gekleidete Nein, dem keine Begründung folgte und keine wie auch immer geartete Hintertür beigefügt war, quittierte ich, meine Bestürzung überspielen wollend, mit einem längst fälligen, jetzt aber völlig deplacierten Abschneiden eines Napolentortenschnittenstücks mit der Kuchengabel, wobei mir beim Zummundführen ein paar Krümel mit einem Patzen weißer Napolentortencreme auf die mauvefarbene Damasttischdecke fielen und dort über meinen bald darauf erfolgenden Abgang hinaus liegen blieben. Die restlichen, konventionell erforderlichen Minuten wurden mit beidseitigen Reiseerlebnissen gefüllt. Bei Erwähnung ihrer Liebe zu Frankreich geriet die Nichtschwiegermutter in die Begeisterung, die sie angesichts des schwiegersohnseinwollenden Österreichers hatte vermissen lassen. Beim Wort Dieppe leuchtete etwas in mir auf. Bei Olgas *Dort habe ich zum ersten Mal das Meer gesehen, mit vierzehn* noch mehr. Bevor ich Klarheit in meine Erinnerungen bringen konnte, musste ich gehen. Und erst als ich vom Kiesweg noch einmal zum Haus zurück und sie an der Verandabrüstung stehen sah, Mutter, Tochter und das erst bei meiner Verabschiedung hinzugetretene Kindermädchen, das noch bei ihnen wohnte, überlegte ich, ob ich sie womöglich schon vor Jahren gesehen hatte, als sie an der Brüstung der Casinoterrasse in Dieppe standen, den Namen Pawlowsk nannten und aufs Meer schauten, wie sie jetzt auf mich schauten, der ich mich entfernte, nicht weniger fremd als das Meer und, wie ich wusste, ähnlich unergründlich.

Alles, was ich erreicht hatte, war, dass von nun an beiderseitige Besuche und Briefe verboten waren und unsere Beziehung aus einer Phase der relativ offenen Annäherung wieder in die Sphäre des Heimlichen geriet, in der sie begonnen hatte. Damit aber, ich muss es sagen, war ich auf vertrauterem Terrain als auf dem der offensiven Brautwerbung.

Es begann, mit dem Höhepunkt des Sommers, der ein heißer, sonnenreicher war, die schöne Zeit der verschwiegenen Rendezvous und der von Pauline geschmuggelten Liebesbillets. Der Pawlowsker Park mit seinen Wäldern, Wäldchen, Hügeln, Büschen, Türmchen und Pavillons, der war, wie der Wiener Prater einmal gewesen sein muss, als er noch der Aristokratie vorbehalten war und das gemeine Volk nur zugelassen wurde, wenn man Treiber für die Hofjagden brauchte, bot die ideale Landschaft dafür. Olgas Phantasie und Belesenheit belebten ihn mit Fabelwesen, Elfen und Feen, an die ich, eingefleischter Realist, zu glauben begann wie ein Kleinkind, dem man beim Einschlafen vorliest. Aus den antiken Götterstatuen wurden die Menschen, als die sie den noch in Mythen verwurzelten Völkern erschienen waren, und Apollon, Diana, Hermes wurden mir wirklicher als Leibrock, Haushälterin und Primgeiger. Der Park gehörte uns, die Besucherscharen kamen zu den Konzerten, und wenn ich die Geige weglegte, fuhren sie ab. Die Morgenstunden gehörten uns, die Frühnebel waren unsere verhüllenden Verbündeten und wir die in den ersten Sonnenstrahlen tanzenden Schmetterlinge. Die Mittage gehörten uns, denn in den Sommerdatschen schlief man lange, und wenn die Hitze es wollte, kühlten wir uns die Arme und Füße in Bächen und Teichen. Alte russische Märchen erzählte sie mir, als wäre sie dabeigewesen, bei Vollmond sahen wir den Schwan im See als verzauberte Prinzessin, und Oberon und Titania imaginierte sie in die Bäume schauend, als wäre Shakespeares Kosmos unser Leben – und Theater das, was außerhalb gespielt wurde, in der blassen, geschäfts- und kriegstüchtigen Welt. Politik kannte Olga nicht, und nie habe ich sie mit einer Zeitung gesehen. Dafür mit Gedichtbänden, aus denen sie vorlas, bis der Wind ihr die Seiten verblätterte und sie fand, dass Schweigen schöner war ... Olga nahm mich an der Hand in ein mir fremdes Reich. Dem ich nichts Eigenes hinzuzufügen hatte. Ich kannte keine Märchen, Fabeln, Gedichte, und selbst die Inhalte meiner Operetten konnte ich ihr nur vage skizzieren, weil mich alles außer meiner Musik nie gekümmert hatte. Meine Phantasie reichte gerade soweit, mir mein nächstes Mittagessen vorzustellen. Hätte ich ein Lieblingsbuch gehabt, es wäre ein Kochbuch gewesen. Der einzige Mythos, von dem ich zu berichten wusste, war der vom König, der seinen Vater entthronte, also mein eigener. Aber auch auf diesem mir vertrauten Gebiet, der scheinbar mühelos gemähten Wiese des Musizierens, musste ich enttäuschen: Wenn unser Gespräch stockte, weil ich wieder einmal der Größe meines Gefühls in Worten nicht standhielt, und Olga mich bat, sie alle Verbote übertretend zu mir zu führen, um ihr am Klavier vorzuspielen … versagte ich mit meinem harten Anschlag, meinen abseits der Violine ungeläufigen Fingern und meiner Unfähigkeit, auch im Musikalischen, zu phantasieren. Nicht einmal das kannst du, Schani, sagte ich mir, bis Olga mir die Hände auf die Schultern legte und mir deren Verspannung bewusst machte. Aber das war schon die einzige Situation, in der sie auf ein Versagen von mir reagierte. Meine sonstigen Schwächen bemerkte sie, anmerken ließ sie es sich nicht. Dabei bat ich sie inständig, mich auf meine in ihrer Gegenwart offen hervorbrechenden Fehler aufmerksam zu machen, denn sehr bald in diesem Sommer wusste ich, dass *ich* von *ihr* zu lernen hatte, ich, der zwölf Jahre Ältere, der Schüler in Fragen des Lebens und der Zwischenmenschlichkeit war. Dass sie mir dabei das Gefühl gab, die Rollen seien genau andersherum verteilt, ließ mir meinen Stolz. Der mein größter Fehler vielleicht war, und den verletzend sie mich nie dahingebracht hätte, über diesen Stolz hinweg, ihn nach und nach als hinderlich erkennend, mich ihr zu öffnen und hinzugeben wie nie einem Menschen davor und danach. Dieses in Ruhelassen meines Stolzes beziehungsweise das ihm Schmeicheln, wo er es verlangte und ihm auf diese feine Art seine eigene Lächerlichkeit vor Augen zu führen, gehörte zu dem, was Olga Smirnitzkaja am Wesentlichsten von mir unterschied: ihrem Adel, ihrer aristokratischen Erziehung und Natur. Ihr Vater stammte aus dem Süden des Landes, aus der Heimat des großen Petersburger Dichters Gogol, der in ihrem Dichterolymp ganz oben stand und dessen Welt, in der sich Märchen und Wirklichkeit grotesk vermengen und überirdische Mächte beherrschend sind, auch die ihre war. Das allerdings paarte sich mit dem praktischen Hausverstand der Mutter, einer Moskauer Kaufmannstochter. Ihre Bildung erfuhr Olga teils von Hauslehrern, teils am Petersburger Institut für adelige Mädchen, wo die Erziehung deutsch und französisch geprägt war. Am meisten überraschte mich in Russland die Liebe zum Deutschen: zur Sprache, zur Kultur – die Ausdruck einer womöglich noch tieferen Sehnsucht nach dem deutschen *Wesen* war, in dem ein (mir nicht eingängiges) Ideal gesehen wurde. Deutsche können hier in allen Bereichen Fuß fassen: als Bierbrauer wie als Bäckerinnen ebenso wie als Zarinnen und Zaren. Am größten aber war die Verehrung für Wien. Wenn Russen einen Ausländer Deutsch sprechen hören, werden ihre Gesichter weich. Wenn sie erfahren, er kommt aus Wien, schmelzen sie. Die Männer stoßen kehlige Laute der Begeisterung aus, die Frauen solche der Lust und verdrehen die Augen zum Himmel. Zu sagen, man kommt aus Wien, liefert sie dir aus. Wien ist ein Zauberwort in Russland, wie es in Wien kein vergleichbares gibt. Wenn man, wie in meinem Fall, der Walzerkönig ist, ist es um sie geschehen. Die Mädchen fallen einem um den Hals, zu Füßen oder in Ohnmacht, die Herren öffnen einem ihr Haus, ihre Jagdreviere und die Gemächer ihrer Töchter – wenn sie nicht Wassilij Smirnitzkij heißen, dem ich bisher nur einmal, bei der Zarenkrönung im Kreml, die Hand gedrückt habe. Politische Belange spielen auf dieser Ebene keine Rolle. Dass ich mich stets, etwa nach der von den Österreichern *aufs entschiedenste verurteilten* Niederschlagung des Aufstandes in Polen (bei dem Hauptmann Smirnitzkij eine entscheidende Rolle gespielt hatte) selbstverständlich auf die Seite des Zaren gestellt habe, wurden nickend zur Kenntnis genommen, Einfluss auf meine Beliebtheit als Österreicher im Allgemeinen und als Strauss im Besonderen hatte es nicht. Dass mich Pawlowsk vor Wien gerettet hat, zumindest für einige Jahre, liegt stark daran, dass ich aus Wien kam. Das, vor dem ich geflohen bin, war ein Schlüssel zum Fluchtort. Die verzauberte Vorstellung eines Lebens in Wien hat zu Olgas Liebe für mich beigetragen, wie ihre Schwärmerei für die Tenöre aus Neapel von der anderen großen Russenaffinität getragen war, der zu Italien. Wieder und wieder wollte sie, dass ich ihr von *meiner Stadt* erzähle, als es mir gerade ein wenig gelungen war, diese zu vergessen. Dann stieß ihr Wienbild auf meine Wienwirklichkeit. Wenn sie das Wort Schönbrunn vor mich stellte wie einen funkelnden Diamanten, dachte ich ans staubige Aufenthaltskammerl im Café Dommayr. Wenn sie von meinem Kaiser sprach, fiel mir der rachitische Besitzer vom Sperl ein. Unsere Vorstellungswelten waren die verschiedensten: höfisch idealistisch die ihre, sachlich realistisch die meine. Nach ihrer Welt zog es mich, meine amüsierte sie, weil sie sie nicht kannte und nicht wusste, wie dunkel es dort war. Als sie mich nach meiner Lieblingsfarbe fragte und ich Grau sagte, lachte sie wie über einen guten Scherz. Nur war es die Wahrheit. Aschgrau hätte es noch besser getroffen. Olgas Welt war hell, voller Farben, und in ihrem Ideal musste es die meine auch sein, wenn aus ihr solche Klangfarben kamen. Anfangs verwechselte mich Olga mit meiner Musik. Dadurch verliebte sie sich. Später erkannte sie, dass es neben dem Künstler den Menschen Strauss gibt. Und da erst begann sie mich zu lieben. Unter ihrer Liebe sah sich der Walzerkönig entblößt wie der Monarch in Andersens Märchen. Ihre Liebe erzählte mir von einem Strauss, den der Strauss selbst nicht gesehen hatte. Dass es an mir etwas gab, das nicht nur bewundert, sondern geliebt werden konnte, war mir neu. Das, wodurch ich mir sonst Zuneigung, Sympathie, Begehren zu erwerben gewohnt war, interessierte sie so wenig wie alles, was im Interesse der Allgemeinheit lag. Wie in Andersens Märchen, dass ich durch sie kennenlernte, sah sie mich mit Augen an, die sagten: Aber er hat ja gar nichts an. Und ihre Augen waren ohne Hohn, und erst recht ohne Mitleid. Sie waren voll Liebe. Sie ließen mich mich selbst sehen und da vor allem, wie unglücklich ich war. Endlich erkannte ich mein Unglück und benannte es und konnte anfangen, glücklich zu werden. Anfangen zu leben. Ich sah nun auch meine gewohnte Welt neu, den Urgrund meines Unglücks, und getraute mich auszusprechen, was sich bisher bloß durch meine in Compagnie immer zu Fäusten geschlossenen Hände, meinen Krampf, mein Unwohlsein in Gegenwart anderer ausgedrückt hatte: dass die Menschen verdorben waren. Dass von ihnen anerkannt werden zu wollen, Verdorbenheit auf Verdorbenheit häufen hieß und ein schrecklicher Irrweg war, dass Hoffnungen, die auf diesem Irrweg gediehen, die falschen waren. Nur eine Befreiung aus dem Labyrinth meiner falschen Hoffnungen konnte mich von meiner Qual befreien und im Licht dieser Freiheit eine Zukunft sehen, in der das Paradies nicht nur etwas bezeichnete, aus dem wir für immer vertrieben waren, nein, in das wir zurückkehren konnten – und das nicht irgendwann, sondern jederzeit, in jedem Moment, den uns die Liebe gab. Dass man mich zu Hause Schani nannte, sagte ich ihr. Aus ihrem Mund habe ich es nie gehört. Für sie war ich Jean. Das Edlere schälte sie aus mir heraus und benannte es mit einem edleren Namen. Olga aristokratisierte mich, ihre Liebe war mein Adelsschlag. Der Spielzeugkönig wurde zum Prinzen, die Zinnfigur zum Menschen. Oh, hätte der Prinz seinen Auftrag verstanden, der Mensch sich menschlich verhalten. Denn was tat ich mit Olgas Liebe? Ich berauschte mich an ihr, ich genoss ihr Glück. Drohte die Geliebte unter den immer rigideren Kontaktverhinderungsmaßnahmen ihrer Eltern zu schwanken, drohte ich ihr mit Rückfällen in meine Krankheit oder wieder mit Selbstmord. Ich bediente damit, auch das muss ich gestehen, ein Klischee, das für sie bittere Wirklichkeit war. Ihr ein Jahr älterer Bruder hatte sich neunzehnjährig erschossen. Es muss zur Zeit meiner allerersten Konzerte in Pawlowsk gewesen sein. Spielschulden könnten der Grund gewesen sein. Offenkundig fallen ihre gefühlvollen Kompositionen, und auch ihre ersten Billets an mich, in die Monate danach. Und ist ihre hinter aller Verspieltheit und Lebenslust wachende Ernsthaftigkeit und Schwermut von diesem Verlust geprägt. Als sie mir antrug, sich gemeinsam mit mir umzubringen, erschrak ich sozusagen zu Tode. Und verstand, dass hier ein Ernst anklang, der zu meinen hysterisch-pathetischen Drohgebärden in krassem Widerspruch stand. Wir könnten es mit der Waffe ihres toten Bruders tun, sagte sie, die sie zu Hause bewahre. Das war, als träte ein Operettensoldat aus der Reihe der Kostümierten an die Rampe und verkündete, dass das Gewehr, dass er jetzt auf die Zuseher richtete, echt sei. Ein Blitz von Wirklichkeit im Grau der Behauptung. Als ich ihr Ansichten von Wien zeigte, meinte sie einmal lächelnd: ein Museum. Was mich ärgerte. Sie kam da gerade aus einem Spital voll Kriegsverwundeter, für deren Wohl sie sich engagierte, und war tief betrübt. Leider hatte sie in diesem Punkt unrecht: Kriegsheimkehrer hatten wir in Wien auch. Furchtbar viele. Ich spielte Benefizkonzerte für sie, wie auch in Pawlowsk. Besucht habe ich sie nie. Und auf der Straße habe ich weggeschaut. Walzer und Beinstümpfe passen nicht zusammen. Ich habe mir nie Mühe gegeben, meine geheimnisvolle Geliebte zu ergründen. Ich war immer nur mit mir beschäftigt. Letztlich blieb sie für mich die Unbekannte, als welche sie mir am Anfang unserer Liebe geschrieben hatte. Anders als im ersten Sommer erwachte ich jeden Morgen bewusst in die Fortsetzung eines Traums hinein. Hatte ich um fünf Uhr früh die letzten Zeilen hingesetzt, traf ich spätestens um zehn Pauline, ihr das neueste als Bonbon verkleidete Liebesgeständnis an Olga mitzugeben, zugleich eines von Olga zu empfangen, das ich gierig las, sofort beantwortete und am Nachmittag das nächste Liebesbonbon in Paulines Hände legte. Dreimal am Tag schrieben wir einander, wenn wir einander nicht dreimal am Tag sahen. Meine Beine, berufsbedingt zum Stehen verurteilt, liefen über Wege, Stege und Hügel des Parks und genossen ihre Freiheit. Ich ersehnte die Sonne, wenn ich die Augen aufschlug, weil unsere Liebe gewissermaßen nur bei schönem Wetter stattfand, und freute mich, fiel ich in Schlaf, an den Stimmen der erwachenden Vögel im Park. Bei unseren Treffen mühten wir uns, leise zu sein, um die Kobolde nicht zu stören, die Olgas Überzeugung nach die Wälder bewohnten, bis ich sie selbst zum Kobold ernannte, ihr eine so geheißene Polka widmete und diese an einem heißen Augustabend unter ihren glühenden Augen (und den wachsamen ihrer Mutter) aufführte. Ich lernte, dass Leben nicht aus Pflicht und Vernunft allein besteht. Ich lernte Leichtigkeit. Ich lernte lachen. Ich bekam eine Ahnung von dem, was die Leute immer schon in meiner Musik gefunden haben mochten und das mir selbst fremd war. Ich fühlte, ich wurde ein anderer, ich wurde – konnte es sein? – der *Eigentliche,* der, der ich *war,* eingeschlossen in der Ritterrüstung einer aufgezwungen Existenz. Jean zu sein, war meine Bestimmung, geliebt und liebend, ein anderer Strauss als der, den die Welt kannte. Und so lag im Segen der wenigen glücklichen Monate meines Lebens zugleich dessen

Verdammnis. Denn ich schaffte es unter dem Diktat der Zeit, das vom unbarmherzigen Wechsel der Jahreszeiten ausging, nicht, diese vollkommen getrennten Bereiche zu verbinden, in die mein Leben zerfiel und die wie einander auslöschen wollende Duellanten in mir standen: Pawlowsk gegen Wien. Neues gegen Altes. Liebe gegen Pflicht. Wochenlang war es fällig, die untere Instanz, von der ich mich hatte einschüchtern lassen, zu überwinden, und statt mit Olgas Mutter, bei der ich wiederholt und immer mit dem gleichen Ergebnis vorsprach, mit ihrem Vater zu reden. Wochenlang bat mich Olga darum. Wochenlang schob ich vor, erst meiner Mutter nach Wien schreiben zu wollen, und wochenlang schob ich auch das auf. Als ich es endlich tat, war die Antwort der ehemaligen Walzerköniggemahlin und gleichzeitigen Walzerköniggebärerin ein ebensolches Nein wie das der Offiziersgattin. Und fiel auf den furchtbarerweise in mir vorhandenen Boden eigener Bedenken. Olga in Wien konnte ich mir so wenig vorstellen, wie einen lustigen Landler bei einem Begräbnis aufzuspielen. Wenn ich, in Zuständen der Angst, sie zu verlieren, davon sprach, sie als Braut mit mir zu nehmen: Im Innersten glaubte ich nicht daran. Ich hätte hierbleiben, diesen Sommer ins Unendliche verlängern mögen wie ein Kind, das draußen spielt, den Abend nicht akzeptieren will, der es ins Haus ruft. *Ein Kind:* So nannte mich die hiesige Mutter. *Mein Kind:* die dortige. Beide drängten mich von Olga weg, ohne die leben zu müssen mir aber unmöglich geworden war. Tatsächlich sah ich den Tod am Höhepunkt meines Liebesrauschs als einzige Alternative zu einem gemeinsamen Leben. Es war keine Hysterie mehr. Es war die Erkenntnis eines Fakts, den mein Dahinvegetieren bis heute bestätigt hat. Mit Olga *habe* ich mein Leben verloren. Das dumme Argument, *Deinem Vater die Aufrichtigkeit meiner Liebe, an die er nicht glaubt, beweisen zu müssen, verbietet mir mein Stolz,* war mein Todesurteil. Mein Stolz hat mich hingerichtet. Das Leben hat mir das Glück dargeboten und ich habe ihm den Arsch gezeigt. Idiotische Walzer bis an mein Lebensende hätte ich überall schreiben können, der Walzerkönig *war* ich schon, egal, wohin in der Welt ich mit Olga gegangen wäre. Denn gemeinsame Flucht, das war ihr in letzter Verzweiflung gemachter Vorschlag. *Sie* hätte alles für mich zurückgelassen. *Ich* war nicht fähig, sie in mein gemachtes Nest hineinzusetzen. Und nicht, dieses aufzugeben. Ich wählte den Tod. Auch hier nur an mich denkend und nicht, dass es auch der ihre sein könnte. Mein Egoismus war größer als meine Liebesfähigkeit. Ein böser, falscher Egoismus, der längst erkannt hatte, dass nicht er mein Glück bedeutete, sondern die Liebe, die er verdarb. Das Furchtbarste ist, dass Olga die Beteuerungen meiner Liebe, all mein *Ich kann ohne dich nicht leben*, mein *Ich weiß, dass wir zusammengehören* für wahr genommen hat, weil sie an die Reinheit meines Herzens glaubte, weil sie tiefer in mich sah als je ein Mensch und dort, hinter dem ganzen Schanigerümpel, einen Schrein des Jean wahrnahm oder annahm, Bewahrer einer Flamme des Echten und Guten. Natürlich verlangte es auch sie nach körperlicher Vereinigung. Aber sie hatte dafür die Geduld eines höfischen Schreittanzes, während ich im gestreckten Galopp vorgehen wollte. Küsse musste ich ihr fast immer rauben. Wir waren auch fast immer in der Situation, entdeckt zu werden. Von Kobolden, die sich unserer freuten, von Menschen, die uns verraten hätten. Ich lernte, mich zu mäßigen. Eruptionen meiner Leidenschaft begegnete sie mit Humor und Nachsicht. Umarmungen liebte sie. Olga war rein. Ich war verdorben. Es war ein langer Weg, den wir aufeinander zugingen. Zu lang für einen Sommer. Ich gestand es mir ungern ein, aber sogar das wirkte beruhigend auf mich. Ich konnte es ja lebenslang nur zum Äußersten kommen lassen, wenn mein Drang es befahl. Erzwingen ließ sich gar nichts. Erstens war ich immer müde, nach einem Konzert, oder nervlich angespannt, vor einem Konzert, und sowieso chronisch ausgelaugt von viel Arbeit und wenig Schlaf. Meist aß ich auch weniger, als meine Kräfte gebraucht hätten. Zweitens hat mir in meiner Jugend irgendeine venerische Krankheit mein Blut mit Unsauberem vermengt. Meine Geschlechtlichkeit ist ein bewegliches Fest. Und mehr beweglich als fest. Wie manche Angst hat mir Olga also auch die vor dem Versagen genommen. Dennoch hätte sie am Ende selbst das Hindernis ihrer vorhochzeitlichen Verweigerung – für den von ihr durchaus anzunehmen Fall, dass es meinem brautwerberischen Wankelmut eines gewesen wäre – beiseitegeräumt. Über Leibrock ließ sie mir die Adresse einer Petersburger Wohnung zukommen, in der sie mich zwei Tage vor meiner Abreise erwartete. Wie immer im Oktober wohnte ich, ein wenig unheimlich, alleine im von allen guten Geigern und Gästen verlassenen Pawlowsk. Züge fuhren keine mehr. Der Himmel, der mir meine Geliebte Anfang des Sommers unter Donner und Blitz gebracht hatte, verhinderte mit einem noch stärkeren Gewitter, dass sie es in der vollen Bedeutung des Wortes wurde. Die vor den Wagen gespannten Pferde scheuten und waren, ähnlich – wie man sich vorstellen kann – dem, den sie hätten ziehen sollen, nicht zu beruhigen. Schlammassen, fallende Bäume, die Natur stellte sich unserer Vereinigung quer. Die Olga, ich weiß es, mit diesem heimlichsten aller Rendezvous gewünscht hat. Hätte ich zu Fuß laufen sollen? Werther hätte es getan. Aber Werther war ein Tragöde. Ich komme aus der Operette nicht heraus. Am nächsten Tag arrangierten unsere Liebeshelfer, Leibpuck und Paulania, ein Treffen an der Brücke, die schon im Jahr zuvor Schauplatz unseres Abschieds gewesen war. Das Theater, in dem sich unsere Knie berührt hatten, war im Winter abgebrannt. Ich sah, als ich wartete, die übrig gebliebenen Mauern und Treppenreste, die ins Nichts führten. Die halbe Stunde unseres Lebewohls verging im Schutz der Bäume zwischen dem Kanal und der großen Kathedrale. Küsse und Umarmungen. Wenig Worte. Tränen in beider Gesichter. Zum letzten Händedruck ein Scherz über die gerade jetzt herauskommende Sonne. Ein Lachen. Möwen am Himmel, als sie dahinging. Achtzehn Stunden später bestieg ich das Schiff, das, schlingernd unter dem mit meiner Stimmung wetteifernden entsetzlichsten Sturm, mich fast in die Tiefe gerissen hätte. Alle flüchteten in ihre Kabinen und wunderten sich über den Wahnsinnigen, der sich an die Reling klammerte, dem Rasen der Natur als Spiegel seines eigenen ins Antlitz zu schauen. Dann schloss sich auch der fliegende Österreicher ein und ließ sein Leid aufs Papier fließen. Nicht in Noten, in Briefen an Olga. Die Tränen waren mir schon bald nach der Abfahrt versiegt. Geweint habe ich stets nur in Russland. Manchmal hatte ich das Gefühl, ich fahre wieder nach Russland weinen. In Musik gegossen habe ich diese inneren wie äußeren Turbulenzen in einem Stück, von dem ich der Geliebten schon sieben Takte hatte zukommen lassen, im Billet einer Konzertpause. Meinen Wienern stellte ich es im ersten Auftritt nach meiner Wiederkehr vor, unter der verharmlosenden, betulichen Bezeichnung, mit der sie auch meine russischen Großereignisse abtaten: *Reiseabenteuer*. Begeistert forderten sie Repetition. Auch den *Kobold*, erstmals ihnen vorgestellt, wollten sie wieder hören. Und die Bäume im Volksgarten rauschten dazu wie ihre Pawlowsker Brüder.

Mein russisches Gastspiel ist vorbei. Der Adelssaal in Moskau, gefürchtet, weil schwer zu füllen: dreitausend Menschen. Mein Abschiedskonzert im Vauxhall: Enthusiasmus. Eine Stunde Hervor-Rufe. Die Leute stürmten mein Pult und rissen die Blumen herunter. Der ganze Hof war da. Nur unter Polizeischutz, und indem mich drei Mann den Hügel rückwärtsgehend hinabführten, über den ich früher so oft leichtfüßig gesprungen bin, kamen wir zum Zug und ins Hotel. Mein *Zigeunerbaron* aus Wien ist für nächste Saison eingeladen. Das Angebot, Gogols *Mainacht* zu vertonen, habe ich schon nach den ersten Sätzen der Inhaltsbeschreibung abgelehnt: Ein Vater stellt sich gegen die Heirat zweier Liebender, das Mädchen stürzt sich in den Teich. Dankeschön. Die Mainacht, in der ich von

meinem Concert d'Adieux von Pawlowsk zurück-
fuhr, fast auf den Tag dreißig Jahre nach meinem
Debut dort, war wolkenlos und schon sehr hell.
Bald beginnt die Zeit der endlosen Tage. Ich fahre
in meine endlose Nacht. Die Stadt Coburg, wo ich
mich aus Gründen der Ehescheidung- und schlie-
ßung zumindest pro forma niederlassen muss, liegt,
habe ich erfahren, in einem Hügelgelände! Ich sitze
auf den Koffern. Adele ist allein beim Abschieds-
bankett. Tschaikowskij will mich noch sehen. Und
von Olga keine Spur.

Den ganzen nachreiseabenteuerlichen Winter stellte
ich meinen Leib den Wienern zum Fraß auf die
Podien der Tanznächte, hingen mein Herz und
meine Gedanken in Pawlowsk, und schrieb ich und
schrieb ich mehr Worte als Noten, und selbst die
Noten zu einem Walzer benannte ich *Liebesboten*.
Tagsüber ging ich so wenig wie möglich aus, um da
zu sein, wenn ein Brief aus Russland kam, und tat
nichts, als die Romanzen der Smirnitzkaja auf dem
Klavier zu spielen. Selbst Mutter musste die Aufrichtigkeit meiner Gefühle einsehen und erwog
zögernd, unserer Verbindung zuzustimmen. Erst
jetzt, aus sicherer Entfernung, lud ich Olga aus-
drücklich ein, als Braut zu mir nach Wien zu kommen. Aber im selben Brief, im nächsten Atemzug,
einen im Sommer von uns entworfenen Vorsatz

erneuernd, fragte ich sie, mir ihr *Leben zu widmen,*
wenn wir uns auch nie besitzen werden. Also was nun,
musste sie denken. Auch dass ich drei Wochen später bettelte *Komm, ich bitte Dich auf meinen Knien* half
nichts mehr. Der Schani hatte mich wieder in den
Klauen, der Schani regierte, der Schani gewann.
Ob es Olgas Eltern waren oder sie selber, egal, es
gab nur ein Mittel, meinem leidenschaftlichen, im
Letzten jedoch ziellosen Rasen ein Ende zu setzen:
mir im April mitzuteilen – ich war schon, Einladungen nach Paris und London ausschlagend, am
Packen für Pawlowsk –, dass sie verlobt, die Braut
eines Anderen, dass es zwischen uns aus war. Das
rief wieder meinen Stolz auf den Plan. Ich drohte
ihr mit Rache, Briefeüberschüttungen, ihr den ganzen Sommer keine Ruhe zu lassen, sie nach den
Konzerten nach Hause zu verfolgen, zwanzigmal
des Tags ihr Fenster zu passieren, *Was ich noch alles*
unternehmen werde, Dich zu kränken, sollst Du mit Angst
erwarten. Worte der Liebe? Leere Worte. Denn in
Pawlowsk war ich nunmehr unter der Obhut meiner
Tante, wodurch ich zum ersten Mal seit fünf Jahren zwar mit leerem Herzen, aber voller Kasse
zurückkam. Ich sah Olga kaum, wie in den Anfän-
gen von fern und im Pulk vieler Leute. Es war unerträglich, in derselben Kulisse ein gänzlich anderes,
faderes Stück aufgeführt werden zu sehen. *Herr*
Strauss ist solider geworden, registrierte eine Zeitung.

Er hat die flammenden Blicke, das Wiegen des Körpers und das Aufstampfen für immer aufgegeben. Einmal verschwand ich mitten im Konzert, von einem Stück zum anderen war ich von der Bühne gesprungen und lief durch den Park, lief, bis ich mich in einen hohlen Baum, einst unser Liebesversteck, verkroch. Ich wollte verwachsen mit dem Baum, Baum werden im Park von Pawlowsk, um dort zu bleiben, als Baum, als Kobold, nur nicht zurück auf das Delinquentenpodest, nicht zurück in das Leben, das ohne Olga keines mehr war. Die Leute reagierten auf meinen Affront mit einer Wut, die ich ihrer Wohlerzogenheit nie zugetraut hätte. Erst riefen sie nach mir, dann schrien sie, dann zerbrachen sie Stühle, vertrieben die Musiker, zerschlugen Instrumente und zogen wie Bacchanten, die ihren Orpheus am liebsten zerrissen hätten, zum Nachtzug. Eine Zeitung fragte sich verwundert, durch welche *Magie* eine derart höfliche Gesellschaft in einen so *wilden Stamm von Irokesen* verwandelt werden konnte. Die Mächte von Pawlowsk tobten in dieser Nacht, wütend auch sie über meinen Verrat an den Schätzen, welche sie mir einst zu Füßen gelegt hatten. Immerhin bekam ich in diesem Sommer eine Ahnung davon, wie sehr man vom Leben gebeutelt werden muss, um als Künstler einen tieferen Ausdruck zu finden. Ich schrieb erstmals Romanzen, um der in diesem Fach erfahreneren Jüngeren immerhin so näher zu sein. In diesen kurzen Stücken findet man mehr von mir als in den meisten anderen. Zugleich aber schrieb ich auch anzügliche, ekelhaft ordinäre Briefe an die Frau meines Bruders – und die Summe dieser meiner Niederschriften ist ein Zeugnis meiner Abartigkeit. Die Perversion bestand ja nicht darin, ein Mädchen wie die Smirnitzkaja geliebt und, einmal die Gründe beiseitegestellt, nicht bekommen zu haben. Krank wurde meine Seele, weil ich den Ort dieser Liebe noch ganze weitere sieben Sommer lang besuchte, bespielte, sieben Sommer lang zerriss ich mir mein Herz an den Stacheln der Erinnerung, sieben Sommer lang setzte ich mich der rücksichtslos weiter blühenden Umgebung meines Glücks aus, nur dass das Glück weg war und die Schönheit der Umgebung mir mehr und mehr verblasste, weil ich nicht sie sah, sondern das, was einmal in ihr lebendig gewesen war. So begann mir die Gegenwart das zu werden, was sie mir bis ans Ende sein wird: eine verhasste Folie vor dahinterliegenden Bildern, die nur mir gehören. Denen nachzutrauern ich verdammt bin, wie einem der Unglücklichen in Dantes *Göttlicher Komödie*, aus der mir Olga vorgelesen hat: verurteilt zum ewig traurigen Nachsinnen und Walzerausscheiden. Für welchen Ausscheidungsprozess ich von der Welt bejubelt werde, was mein Leid noch vermehrt. Meine Ausfälle wurden im dritten olgalosen Jahr häufiger als meine Auftritte, der Walzerkönigvertreter Josef eilte herbei, die Pawlowsker nahmen dem Walzerkönig die verfrühte Abreise übel und die Wiener seine verfrühte Anreise nicht wahr, weil eine andere von Wien Geflohene eben zurückkam, Kaiserin Elisabeth, geflohen vor Hof und Ehemann. König und Kaiserin, Schani und Sissi, wieder zu Haus. Abgemagert fast zum Skelett, überreizt fast zum Wahnsinn und zu Tode erschöpft, warf ich mich in die Arme (und das Vermögen) von Jetty und ging mit ihr auf als Hochzeitsreise etikettierten Krankenurlaub nach Venedig. Ab dem nächsten Jahr fuhr sie mit nach Pawlowsk, auch diese Pein ersparte ich mir nicht – ich nenne sie bezugnehmend auf die schlimmste Niederlage der Habsburger Monarchie *mein Königgrätz.* Niemand weiß, welcher Qual ich mich aussetzte, gerade hier, gerade in Pawlowsk, wo ich der *geliebte Jean* gewesen war, nicht nur auf den *Schani* zurückgestuft zu werden, nein, noch dazu auf die perfide Verbrämung der beiden für mich diametral auseinanderliegenden Benennungen, auf den *Jeany.* Immer nannte meine Frau mich so – *Schooooni!,* wenn sie es auch *Jeany* schrieb. Immer klang das in meinen Ohren wie ein Hohn darauf, dass ich zum *Jean* eben nicht taugte und der *Schani* bleiben würde. Die Krone setzte sie dieser Erniedrigung mit dem angehängten *Bub* auf. *Mein Jeanybub.* So sagte sie es vor

Fremden, so schrieb sie es in Briefen. Oft war ich auch nur der *Bub*. Damit war ich endgültig ins Vorpubertäre regressiert. Zum Bub mit Vollbart –, den ich mir wachsen ließ, um wie der Mann, nicht wie der Sohn meiner Frau auszusehen. Zu mehr als zum *Manderl* schaffte ich es in ihrer Ausdrucksweise nicht, auch ließ sie Außenstehenden gegenüber keinen Zweifel, dass sie mich nur bekommen hatte, weil ich *gehirnleidend* sei. Damit lag sie richtig. Im Erotischen, tratschte sie in Wien herum, habe ihr verlassener Baron ihr mehr bieten können. Das war keine Kunst. Außerdem sei ich unmusikalisch. Auch dazu schwieg ich und spielte meine drei, vier Wiener Faschingsbälle täglich. Fünfundzwanzig Winter habe ich ja auf diese Weise keine Nacht geschlafen. Mit Beginn meiner Ehe – und als bald darauf auch Olga heiratete – wurden meine Haare grau und ich begann, sie zu färben. Schwarz wie mein Bett und alle Schlafzimmermöbel. Lege ich mich hin, denke ich: in meinen Sarg. Ich habe keine Nacht mit einer Frau verbracht. Auch wenn es zu Intimitäten kam – schlafen und aufwachen musste ich immer allein. Die Färberei mache ich noch heute, mit sechzig, und jemand hat gemeint, im Ganzen wolle ich dreißig Jahre jünger aussehen. Ja, weil mein Leben vor dreißig Jahren aufgehört hat, sich natürlich weiterzuentwickeln, weil meine Uhr vor dreißig Jahren aufgehört hat zu schlagen und eigentlich auch mein Herz. Dass meine Ehe im Weiteren hieß, nach jeder Probe, jedem Konzert meine Frau und mich bis aufs Blut zu quälen, war eine Konsequenz meiner Arbeit und meines von der fortwährenden Hausdurchsuchung meines schlechten Gewissens ins Chaos gestürzten Hirnkastls. Tagelang schleiche ich grießgrämig und stumm im Haus herum, wochenlang getraute sich meine Frau, gleich welche, oft nicht, mich anzureden. Ins Kaffeehaus gehe ich nicht, nicht *ein*mal, ich nenne mein Empfangszimmer so und empfange wenige Erwählte zum Kartenspielen. Beim Tarock vertrage ich weniger Kritik als bei meinen Kompositionen, es ist meine einzige Freude und daher kein Spaß. Dass sie mich oft ein paar Kreuzer gewinnen lassen, übersehe ich, weil mein Geiz noch größer ist als mein Stolz. Bruder Josef hat mich schon bei der ersten Hofübergabe in Pawlowsk einen *furchtbaren Menschen* genannt, *ekelhaft geizig und schmutzig,* sodass es sich ihm verbiete, mit mir zu sprechen. Bruder Josef, der von klein auf Kopfweh hatte, zwanzig Zigarren am Tag rauchte, in Warschau aus Aufregung über die Ungenauigkeit eines Primgeigers ohnmächtig vom Pult fiel und mit Gehirnerschütterung nach Wien gebracht wurde, wo er vier Tage später starb. Da schloss sich der Kreis zu seinem unveröffentlichten Jugendwerk, genannt *Der Totengräber.* Sofort habe ich von meiner Wand das Porträt des nunmehr Toten entfernt und Kisten mit Noten bei ihm abgeholt. Der Witwe gab ich nichts. Ob ich Teile davon für die *Fledermaus* verwendet habe, wie meine böswillige Umwelt, die sich für mich immer schon ein bisschen wie Nachwelt anfühlt, behauptet, werde ich nicht bestätigen noch leugnen. Sie beginnt bereits mit den Lebensehrungen, dem Verfassen von Biographien. Ich höre sie mir nicht an, ich lese sie nicht. Was gehe ich mich an, sage ich immer, und meine damit: Die Wahrheit wisst ihr sowieso alle nicht, die Wahrheit weiß nur ich. Auch deshalb muss ich diese Abrechnung niederschreiben, diese Selbstabrechnung, diesen einzig gültigen Lebensbericht. Niemand hat ja bisher die mehr oder weniger bekannten Fakten und Ereignisse meines Lebens in diesen einzig richtigen Bezug zueinander gesetzt. Das konnte nur ich. Johann Strauss.

Dass mein Pawlowsker *Reise*- auch ein *Liebesabenteuer* (diese Betulichkeitsausdrücke!) war, wusste man in Wien. Doch nie hat man das Ende meiner Tanzkomponistenlaufbahn darin begründet gesehen. Im Jahr von Olgas Heirat mit einem Beamten des russischen Kriegsministeriums wurde ich im Winter schwer krank, die Ärzte sahen eine drohende Hirnlähmung und verboten mir das Dirigieren auf zwei Jahre. Meine seit damals von mir Besitz ergreifende Stimmung nannten sie Melancholie, heute macht sich der mir schlüssiger erscheinende Begriff Depression dafür breit. Als Folge der Depression wurde ich Operettenkomponist. Ein anderer komponierte alles Gesungene, Gezupfte und Gestrichene, ich bloß zu Blasendes, die Ouvertüre und Instrumentales, konnte aber für das Gesamtwerk die Gewinnanteile einheimsen, die ich für die Walzer nie bekommen hatte und legte Wert darauf, von den Theaterleuten *Meister Jean* genannt zu werden. Dirigieren musste ich nicht mehr, konnte aber, wenn ich wollte, und verdiente dann doppelt – wenn ich nicht, wie bei meiner ersten Operette, vor der Premiere in Ohnmacht fiel. Libretti habe ich nie gelesen, fand auch selten irgendetwas zum Lachen und könnte noch heute den verworrenen Inhalt der *Fledermaus* nicht nacherzählen. Erdichtetes lehnte ich ab, seit es mir Olga nicht mehr vorlas. Ich floh vor Wien, wo ich konnte, dieser großen Baustelle, voll von aus allen Enden der Monarchie hergezogenen Arbeitern, die sich im Baustaub den Tod holten (weshalb die Lungentuberkulose jetzt auch schon *Wiener Krankheit* heißt), dieses Lazarett, berstend von Kriegskrüppeln all der vom Kaiser angeordneten oder von der hohen Politik eingebrockten Schlachten – die letztlich die Grundlage für den großen Erfolg meines Bühnenstücks *Der lustige Krieg* waren. Die Leute wollten vergessen, sich unterhalten, ich bediente sie und die Melodien flossen aus mir wie leeres Wasser. Ich reiste meinen Operetten nach und genoss die Schönheiten der Orte nicht. Italien, das die österreichische Besatzung abgeschüttelt hatte, war mir höchstens das Land, in dem die Tantiemen blühen. Mein einmaliges Amerika-Gastspiel: ein Albtraum der wahrscheinlich landesüblichen Gigantomanie. Olga hatte im Januar ihr drittes Kind bekommen, ich kündigte meinen schon unterzeichneten zwölften Pawlowsker Vertrag (was man mir sehr übelnahm und wofür ich Strafe zahlen musste), machte mein Testament und fuhr auf dem Dampfer so weit in die falsche Richtung, nämlich weg von Russland, wie man auf dieser Welt nur fahren kann. Der Albtraum war, dass ich mit einem Riesenorchester von achthundert Musikern und tausenden Sängern den Donauwalzer zu dirigieren hatte, ein Spektakel, das mit einem Kanonenschuss begonnen und von mir erstaunlich zeitgleich mit meinen zwanzig Subdirigenten beendet wurde. Die hunderttausendköpfige Zuhörerschaft dieser subtilen Kunstleistung brüllte Beifall, und ich atmete auf, als ich wieder auf dem Schiff nach Osten war. Mein Vater, dachte ich, war in meinem jetzigen Alter schon tot. Er hat anfangs noch im Terzett aufgespielt. Weit habe ich es gebracht. Ähnlichen Größenwahnsinn betrieb ich im Jahr darauf, als ich mit sieben Orchestern das *Gott erhalte* zum Empfang des Kaisers spielte, und so zum Versuch beitrug, zur Bewahrung des Glanzes der Wiener Weltausstellung die Hunderttausende in der Monarchie den Tod kostende Cholera-Epidemie zu vertuschen.

Tschaikowskij sah aus, wie ich mich fühlte. Verlassen und irgendwie verwittert. Nass vom Regen, aus dem er gekommen war, saß er mir im dünnen Mantel in der Hotelhalle gegenüber, schien zu frieren und zitterte leicht am ganzen zerbrechlich wirkenden Körper. Er hatte nur wenig Zeit, bis ihn ein Wagen zum Bahnhof abholte. Ich war erschrocken, wie gealtert er war und schämte mich, dass ich, der Ältere, nicht wie er natürlich ergraut war und schanihaft aufg'mascherlt in meinem Fauteuil posierte, als säße ich Porträt. Die ersten zwei Minuten sprachen wir nicht. Er rauchte, sah immer wieder auf den Koffer, der neben seinem Sofa stand, von diesem zum Fenster hinaus, als müsste der Wagen jeden Moment kommen, und dazwischen zu mir. Immer in dieser Folge wechselte sein Blick: Koffer, Fenster, Strauss. Koffer, Fenster, Strauss. Wenn seine blauen Augen auf mich fielen, war ein Lächeln in ihnen und eine Ruhe, die zum Getriebenen seiner übrigen Erscheinung in Widerspruch stand. Die ganze letzte Nacht habe er von Pilzen geträumt, sagte er auf einmal. Großen, fetten, roten. Pilze seien seine einzige Freude im Sommer, den er sonst nicht liebe. Hier hustete er, wie es geschieht, wenn jemand lange nichts gesprochen hat und der Sprechapparat sich erst von Ablagerungen des Schweigens befreien muss. Und wie es oft bei Menschen der Fall ist, die viel allein sind, schien er ein großes Mitteilungsbedürfnis zu haben. Ein Bedürfnis, das an meiner Verschlossenheit wuchs. Ich überlegte zu erzählen, wie gern ich im Sommer Bohnen enthülse, schwieg aber. Er lebe zutiefst egoistisch, meinte er kopfschüttelnd, arbeite für sich selbst und kümmere sich nur um sich. Das mache ein ruhiges Leben. Aber es sei auch trocken und eng. Ich erschrak wieder, diesmal, weil es schien, als spräche er über mich. Die Depression, sagte er nach einer langen Pause – wie er nach jedem Satz eine lange Pause machte, um über das Gesagte nachzusinnen oder mir Gelegenheit zu einer Replik zu geben –, mache unser Leben traurig, und das sei, weil wir älter würden. Pause. Er habe nur *ein* Interesse im Leben: zu komponieren. Pause. Wenn er ein Bild von sich aus alter Zeit sehe – hier zeigte er mit dem Kopf auf mich, unsere letzte Begegnung vor über zwanzig Jahren meinend –, denke er: ein fremder junger Mann. Dann gingen seine Augen über mich als Ganzes, und sein Mund flüsterte: Johann Strauss. Mit dem G, dass die Russen statt des Hs aussprechen, was mir immer gefallen hat. *Jogann.* Josef *Gaydn.* Die *Gabsburger. Gamlet.* Mir gefiel auch seine weiche Stimme, sein gedehnter, beinahe singender Akzent. In meinem Namen ließ er meinen Ruhm mitklingen, meinen Weltruhm, und dass er sich gerne in die Schar der Bewunderer einreihte. Tschaikowskij, dachte ich. Pjotr Iljitsch Tschaikowskij. Den man bei uns den russischen Beethoven nennt. Er werde es mir nie vergessen, dass ich ihn als Erster aufgeführt und sozusagen entdeckt habe, meinte er. Und machte eine neue Pause, so lange, wie eine mögliche Antwort von mir gedauert hätte. Nachdem meine Redezeit ungenutzt verstrichen war, kam wieder er an die Reihe. Heute sei er irgendwo *dazwischen*. Im Westen begegnete man ihm als Russen mit Herablassung, in Russland werfe man ihm vor, er sei verwestlicht. Dabei verstehe er nicht, wie die Leute hier russische Musik von der europäischen isolieren könnten. Auch wenn sie geborene Russen seien, zur selben Zeit seien sie Europäer und müssten schrecklich weit in die Geschichte zurückgehen, um von Europa loszukommen. Die Wurzeln seien schon sehr tief. Dennoch – das sagte er wieder mehr seinem Koffer und zum Fenster –, so gern er im Westen sei, leben könne er nur in Russland. Erst in der Fremde merke man, wie sehr man sein Land liebe. Er machte eine Zäsur und schaute mich an. Erwartete er Zustimmung? Natürlich sei der Umzug von Rom nach Petersburg jedesmal tödlich, flüsterte er fast, in den Regen hinaus. *Armes Russland!* Damit zündete er eine neue Zigarette an der ersten an und hustete. Sein Herz sei völlig ruiniert, stieß er mit einer wegwerfenden Handbewegung hervor, es funktioniere fast überhaupt nicht mehr. Seine Mutter, sagte er plötzlich, sei aus einer französischen Familie gewesen. Er schwieg lange und sein Blick fixierte etwas auf der anderen Straßenseite. Er gehöre nirgends hin, sagte er. Pause. Wir lebten in einer traurigen Periode, die jungen Leute redeten viel von neuen Zeiten, neuen Staatsformen – hier fröstelte ihn wieder, und er schaute kurz im Raum umher, in dem aber niemand in Hörweite war –, er sage ihnen, was für entsetzliche Dinge sie wüssten. An ihn komme das alles nicht heran. Nur die Kunst könne uns von der unerfreulichen Wirklichkeit ablenken. Jeder diene eben auf seine Art. Er hätte diesen Winter Gespräche mit Tolstoj gehabt. Der habe ihn überzeugt, dass ein Künstler, der mit der Absicht arbeite, dem Publikum zu gefallen, kein wirklicher Künstler sei. Und als ob Tschaikowskij einfiel, wem er gegenüber saß, zuckte er die Schultern und sagte schnell, dass er verrückt würde, wenn es die Musik nicht gäbe. Er habe keine Kinder und hänge an seinen musikalischen Geschöpfen. Ob ich Kinder habe? Nein, entfuhr es mir etwas zu laut. Lange schwieg er dann und fixierte mich. Ob ich Kontakt habe? Zum dritten Mal erschrak ich. Beinahe hätte ich gefragt, mit wem, doch sein Schweigen und sein Ernst ließen keinen Zweifel, wen er meinte. Ich verneinte tonlos. Er senkte die

Augen zur Tischplatte und schwieg lange. Auf einmal hörte ich, dass eine Uhr im Raum tickte. Ich hielt den Atem an. So saßen wir etwa eine Minute. Vor einem Jahr sei er bei den Losinskijs eingeladen gewesen. Er verwendete Olgas Ehenamen. Sein Eindruck von ihrer Ehe sei der schrecklichste gewesen. Die beiden seien ... – hier führte er die Fäuste aneinander und schüttelte den Kopf – ... wie Feinde. *Er* sei ein Despot, *sie* füge sich nicht, die Kinder hielten sie zusammen, sie lebten alle in einem Haus, mit Olgas Eltern. Und Olga ... – er sah zu mir, hob die Brauen, lächelte, und das reichte, um die uns beiden bekannte junge Smirnitskaja vor uns erstehen zu lassen, die schöne, hoffnungsvolle, heiter-verspielte –, sie sei irgendwie ... verbittert. Sie spräche mit Ironie und Spott, was früher gar nicht ihre Art gewesen wäre ... es gäbe da etwas ... er klopfte mit einer Faust andeutungsweise auf die Brust ... *wie sagt man? Ein Kränknis?* Eine Erkrankung? *Nein, wenn man ...* Eine Kränkung? *Ja,* sagte er und sah an mir vorbei. *Einen* Vorteil habe es, jemanden zu verlassen, den man liebt, setzte er in leichtem Ton fort. Und das sei, dass man erst auf diese Weise die Stärke seiner Liebe ermessen könne. Ich schluckte und nickte. Er selbst habe heiraten müssen, weil seine Verlobte ihm gedroht hatte, sich sonst umzubringen. Nach drei Wochen Ehe sei *er* soweit gewesen, nicht mehr leben zu wollen. Stundenlang ging er jeden Abend ziellos durch das nebelig-kalte Moskau – und eines Nachts, an einem verlassenen Ufer, stieg er in den Fluss, in der Absicht, sich eine tödliche Lungenentzündung zu holen. Es wurde nur ein Schnupfen daraus. Aber er verließ Moskau und seine Frau. Ob ich wisse, fragte er scheinbar zusammenhangslos, dass es Dinge gebe, die auch Gott nicht könne? Ein Starez habe es ihm gesagt, ein weiser Priester. Ich verneinte abermals. *Er kann deine Vergehen nicht vergessen.* – Wir schwiegen. Es sei so seltsam, fuhr er fort, dass er noch vor kurzem an der Göttlichkeit von Christus gezweifelt habe. Und auch wenn sein Glaube inzwischen gestärkt sei, in sein Beten sei dieser Glaube noch nicht wirklich eingegangen. Er bete, wie man es ihm einmal beigebracht habe. *Nun ja*, schloss er und blies einen großen Schwall Rauch in den Raum, *Gott braucht unsere Gebete nicht. Aber wir brauchen sie.* Und er drückte die Zigarette im Aschenbecher aus. Wir saßen schweigend, die Uhr tickte und der Regen rauschte. Dann hielt ein Wagen vor dem Fenster und Tschaikowskij stand auf. Die Eisenbahnfahrten machten ihn krank, rief er beinahe, nach seinem Koffer greifend. Leider habe er meistens eine volle Cognacflasche dabei, aber am Ende der Fahrt sei sie plötzlich leer. Auf diese Bemerkung hin beendeten wir unser Gespräch, zu dem ich nichts beigetragen hatte, immerhin mit einem Lachen. Nachdem wir uns an der Tür mit einem herzlichen

Händedruck verabschiedet hatten, ging ich zurück zu meinem Fauteuil und saß noch lange und starrte auf seinen leeren Platz.

Die Nacht vor der Abreise verbrachte ich unruhig zwischen Klavier und Schreibpult. Mit jedem Glas Wein stahl sich mehr von Olgas Musik, soweit ich sie noch auswendig weiß, in meine eigene und überdeckte sie zuletzt ganz. Als ich mich hinlegte, sangen schon die Vögel. Zwei Stunden später jubilierten sie mich aus dem Schlaf, und ich verspürte das außergewöhnliche Bedürfnis, mein Zimmer zu verlassen und meine Glieder, sei es noch so langsam, im Freien zu bewegen. Ich dachte an ein paar Schritte, den Newskij-Prospekt auf und ab, doch als ich ihn überquert hatte, stand ich an einem Kanal. Die Luft war warm, der Winter gewichen, die Welt eine andere als vor den Fenstern meiner Tschaikowskijbegegnung, die mir heute wie ein Traum vorkam. Am Geländer, das alle Kanäle hier an beiden Ufern entlangläuft, konnte man sich nicht nur anlehnen. Es war auch möglich, merkte ich, sich an ihm vorwärtszuziehen, bis die Beine mitgingen, sich an ihm weiterzuhanteln, als zöge man damit den Kanal an sich vorbei, nicht sich an ihm, und schließlich eine Hand loszulassen, den Beinen, ungewohnt kräftig unter der neuen Verantwortung, die Geharbeit zu übertragen und, nur mit einer Hand das Geländer als

Gehhilfe benützend, dahinzugehen fast wie ein richtiger Mensch. Längs beider dieser die jeweiligen Kanalufer einfassenden Eisenzäune führt in der ganzen Stadt ein Fußweg, gepflastert oder erdig, mal breiter, oft so schmal, dass gerade ein Einzelner auf ihm gehen kann. Erst dann, hinter einem begrünten Streifen, beginnt die Fahrbahn, der Verkehr, die Geschwindigkeit, der Lärm. Auf dem schmalen Fußweg am Zaun ist man abgeschieden von der geschäftigen Welt, mit sich und dem Kanal allein, und man kann, ist man körperlich dazu in der Lage, seinen Gedanken nachgehen. Und das tat ich nun gegen meine Gewohnheit. Die Gedanken zogen mich vorwärts. Eine auf Sümpfen gebaute Stadt ist zwangsläufig flach. Kanäle fließen nicht bergauf. Fast keine Mühe steht zwischen Denken und Gehen, selbst wenn Letzteres ein kaschiertes Dahinhanteln ist – und das Denken ein vergeblicher Versuch, eine Schar ungezogener Kinder in Zaum zu halten. Die Worte Tschaikowskijs, vor allem über Olga und ihre Ehe, hatten mich aufgewühlt. Meine jahrzehntelange Befürchtung stand in den wenigen Worten eines Anderen als Fakt vor mir. Bitternis, Gekränktheit – damit beschrieb man heute eine Frau, die sich als junges Mädchen außer durch ihre Schönheit und Vornehmheit durch ihr heiteres Wesen, ihre spielerische, niemals kokette Art, ihre mitreißende Lebenslust ausgezeichnet hatte – und die bereit war, sich mir hinzugeben, mir ihr Sein zu schenken für ein langes, gemeinsames Leben. Olga Smirnitzkaja, eines der höchsten Fräuleins der Petersburger Gesellschaft – welche noch heute als die großzügigste, mondänste der Welt gilt – hat sich für mich bewahrt. Bevor sie mich kannte, weil sie sich für den *Einen* bewahrte. Als sie mich kennenlernte, weil sie mich als den Einen *er*kannte. Ein über alle Maßen gescheites, gebildetes Mädchen, selbstbewusst genug, eine der ersten russischen Frauen zu sein, die Musik komponierte und veröffentlichte, hat mich, den Schani aus der Leopoldstadt, erwählt, auch als der Ruhm des Walzerkönigs ihr meine Fehler schon längst nicht mehr überglänzen konnte. Sprach von Entführung. Von Flucht. Suchte eine Wohnung für unser künftiges Familienleben! Und hatte, ich muss es mir eingestehen, keinen Zweifel, dass ihr Vater Ja gesagt hätte. Ihr Vater, der sie liebte und den sie liebte, hätte Ja gesagt! Sie war davon überzeugt! *Wenn ich ihn nur einmal gefragt hätte!!* Die Gewissheit meiner Schuld, meiner alleinigen, schlug so auf mich, als ich am Ufer dahintrottete, dass ich nicht verstehen konnte, wie ich all die Zeit hatte weiterleben können, Erfolge feiern, Walzer in die Welt streuen, Ehen anhäufen. Ein Monster bin ich, dachte ich, das ein monströses Verbrechen begangen hat, welches dadurch, dass die Welt nichts von ihm weiß und es keine justiziable Relevanz hat, nicht weniger monströs wird. Was sollte ich tun? Ich hatte doch gerade genug Kraft, mich verschnaufend am Geländer festzuklammern und in den Kanal zu schauen, darüber und hineinzuspringen war mir unmöglich. Also ging und dachte ich weiter. *Ich kenne mich nicht mehr*, hatte ich ihr geschrieben, Für dich allein bin ich geboren. All diese damals heftig empfundenen Gefühle, die ich im Nachhinein als hohle Phrasen brandmarken muss, hat sie für wahr und bar genommen, als Auftrag, ihren eigenen Gefühlen zu vertrauen, an sich und mich und uns zu glauben. *Für nichts atmet Dein Jean, als für Dich – mein Ideal!* Ja, Pustekuchen, wie man preußischer Fagottist immer sagt. Als falscher Prinz bin ich in ihren Zaubergarten gestiegen und habe ich mich in ihre Mädchenträume geschlichen, bis alle zarten Pflanzen zertrampelt und alle Illusionen zerstört waren, für ein Leben, wie man jetzt sieht. Auch die Beziehung zu ihrem späteren Gatten begann sie mit heimlichen Briefen, hat mir Leibrock einmal erzählt. Da war die Romantik noch vorhanden. Losinskij hat dann vernichtet, was ich übrig gelassen hatte. Armes Mädchen. Arme Mädchen. Aber sich für eine Schuld umzubringen, mein Gott, hat nur ein Tschaikowskij die Kraft. Das Recht! Und selbst er … und selbst wenn ich es jetzt versuchte, dachte ich und schaute die Mauern unter meinem Geländer zum Kanal hinab … es ist heller Tag, zwar sind noch wenige auf den Straßen, aber keiner würde mir den Gefallen tun, mich nicht zu retten. Wie vornehm diese Stadt immer noch ist, dachte ich. Wie ich hier gehe, ging man vor fast zweihundert Jahren und wird man in zweihundert auch gehen. Zwischen denselben niederen Häusern. Nur die Benzinzeugel werden die Pferdekutschen weiter ablösen, die Moden sich wandeln. Unwandelbar bleibt das Wandelbarste, das Wasser in den Tiefen des Kanals. Wohin ich gelange, fragte ich mich, als ich endlich den warmen Mantel auszog und über den freien Arm legte, wenn ich immer weitergehe? Ans Meer? Und erinnerte mich, wie ich im Winter achtundfünfzig am Donaukanalufer stand und die ganze schöne Kulisse Wiens mir vor Liebessehnsucht zerrann … ich war damals ja in gewisser Weise in Russland geblieben, und die mit mir gelebt haben, lebten mit einem Fremden, immer Fernen, immer Sehnenden, Unzufriedenen. Wie unbewusst recht die Wiener hatten, wenn sie, Fröhlichkeit in meiner Musik vermissend, klagten, ich schriebe *Walzerrequiems*. In Wien ist der Adel entmachtet, dachte ich, wahrscheinlich ist diese Entwicklung hier nur langsamer, aufhalten lässt sie sich nicht. Vor fünf Jahren haben sie den Zaren erschossen. Noch ist ein neuer gekommen. Es ist ja *ein* Grund, warum ich in Wien nicht ausgehe: weil ich zu Hause den Aristokraten spielen kann, den man mir draußen nicht abnimmt.

Um einen Adelstitel zu erhalten, habe ich mich vom Stiefvater meiner Ersten adoptieren lassen. Aber der Kaiser ließ diesen Schwindel nicht durchgehen. Ich bleibe der Schicht verhaftet, für die die Sträusse Musik zu machen angetreten sind: dem Bürgertum, den neuen Herrschern, den späten Kindern der französischen Revolution. Und ausgerechnet ihr König, ich, war von dreißig an im Zauberbann eines vorrevolutionären Paradieses ohne Bürgerfrechheit und Gleichberechtigungsgeschrei. Weil ich nach Pawlowsk ins achtzehnte Jahrhundert gereist bin, habe ich so fassungslos ins Jetzt gestarrt. Weil ich eine von mir verratene Liebe in mir wusste, war ich unfähig zu Zärtlichkeit und Liebe nach außen. *Tak i rwjotsa duscha*, den Titel von Olgas und meiner Schicksalsromanze, hat jemand mit *So ist die Seele zerrissen* übersetzt. In Hinkunft reise ich nurmehr mit meinem Kammerdiener, beschloss ich, als mir in der höher steigenden Sonne der Schweiß im Gesicht stand und ich die Krawatte löste. Und mit meinem Friseur. In Olgas Kindheit hatten die Smirnitzkijs noch über hundert Leibeigene. Als ich eine Brücke mit Steinlöwen querte, um meinen Gang auf dem anderen Ufer, zum Ausgleich mit der linken Hand am Geländer, fortzusetzen, dachte ich ins Wasser sehend: So würde es weiterfließen, nachdem ich die Oberfläche nur kurz gespalten hätte mit meinem Hineinplumpsen. Ungerührt, gleichgültig über

Selbstmörder und Jahrhunderte. Die Großväter sind die Lehrer, heißt es. Mein Großvater hatte den Mut gehabt. Und eine Verzweiflung, die tief genug war. Die Sonne hat seit Pawlowsk ausgedient bei mir. Dabei habe ich keinen grundsätzlichen Hang zum Morbiden, zu Sarkophagen und Hingerichteten wie meine Brüder. Als im Stephansdom die Katakomben freigelegt wurden, kaufte Josef Karten für sich und Eduard. Sie betasteten die Mumien – und ich wollte noch am nächsten Tag nicht mit ihnen Mittag essen. Eduard, mein brasilianischer Hofkapellmeister. Wenn ich mich für misstrauisch halte, schaue ich ihn an. Dagegen bin ich ein Menschenfreund. Wenn ich meine, ich bin ein Misanthrop, denke ich an Eduard und finde meinen Meister. Seine Söhne hat er nach seinen Brüdern benannt: Johann und Josef. Es hat ihm kein Glück gebracht, sie verjuxen sein Vermögen. Ich kann mich darum nicht kümmern. Josef ist tot, Eduard lade ich nicht ein, besuche seine Premieren nicht und halte mich damit an die letzten Worte meiner Mutter: Streitet euch nicht. Ich kann unmöglich den ganzen Weg zurückgehen, dachte ich und zog mich weiter. Manchmal war mein Fußweg unterbrochen und ich musste eine Straße kreuzen. Da taumelte ich dann und drehte mich um mich selbst, was aussehen musste, als würde ich tanzen. Am ganzen Körper schwitzend, erwog ich, auch den Rock auszuziehen, als zu meiner Rechten – ich musste seit mehr als einer Stunde gegangen sein und hatte nach all den Windungen des Kanals keine Orientierung mehr – die goldenen Türme einer Kathedrale auftauchten. Mein Fußweg führte direkt an ihr vorbei. Das Gold in der Sonne, der blaue Himmel – eine Festlichkeit war in der Welt und die träge Vornehmheit eines Sonntagvormittags. Im ersten Stock der Kirche standen Fenster offen, Gesang der Messe klang heraus, mehrstimmig, wohltönend. An den Bäumen, welche die Kirchmauer und meinen Weg säumten, sah man Knospen, zum Aufspringen bereit. Die letzte Feuchte des Regens trocknete schnell. Ich bin Materialist. Von einer Belebtheit der Natur habe ich nur einmal etwas erfahren. Olga hat sie mir gezeigt. Religion ist mir, wie den meisten Wienern, etwas, was dazugehört und über das man nicht weiter nachdenkt. Auch wenn es mein bestes Schulfach war. Gott danke ich mein Talent. Ich glaube, darin hat sich seine Beschäftigung mit mir – aber auch meine Dankbarkeit – erschöpft. Stark ist mein Aberglaube. Und ich staunte, als ich in der Kirche, den Bäumen und den vor mir sich kreuzenden Kanälen den Ort wiedererkannte, an dem ich vor siebenundzwanzig Jahren von Olga Abschied genommen hatte. *Du siehst nichts*, hatte sie mir einmal gesagt, als wir durch die Schönheiten der Parks und Paläste von Zarskoe Selo gingen. *Ich zeige dir nur, was*

du hast, meinte sie, als sie sie bei mir zu Hause her-
umstehende Kerzen anzündete, die anzuzünden ich
selbst nie auf die Idee gekommen wäre. Auf der Brücke, die Schauplatz meines Handkusses nach dem
Theaterbesuch war, lehnte ich mich mit dem Rücken
an einen Steinquader. Wenige Fahrzeuge waren
unterwegs. Eine Kutsche fuhr heran und hielt – im
Gespann der Pferde hatte sich etwas verworren, der
Kutscher stieg ab, es zu ordnen – zehn Meter von
mir. Die Dame im Wagen schaute neugierig aus
dem Fenster, dann ging ihr Kopf zur Seite und fiel
ihr Blick auf mich – schwarze Augen in blassem,
feinem Gesicht. Olgas Augen! Gealtert waren ihre
Züge, härter auch. Und dennoch schön – dennoch
die von Olga. Erkennen blitzte auf – indem ihr
Blick noch ruhiger wurde. Ich versteinerte, wurde
eins mit dem Quader. *Wollte* den Mund öffnen.
Wollte den Arm heben. Getan habe ich nichts. So
verstrichen diese Sekunden, in denen die Zeit still-
stand, eine Welt zwischen uns wieder auferstand,
einen langen Augen-Blick lang – und zusammenfiel.
Olga wurde von dem Buben, der ihr gegenüber saß,
angesprochen und schaute zu ihm, den Ernst meines Anblicks noch im Gesicht. War es wirklich
Olga? Wieder und wieder habe ich seither dieses
Bild in mir aufgerufen. Meine Sinne waren so
schwach, meine Augen geblendet von der Sonne, ich
kann nicht mit voller Sicherheit sagen, ob ich mich

täuschte. Nur in diesem letzten Moment, als der Wagen von den wieder straffen Zügeln mit einem Ruck weitergezogen wurde, im Profil einer schönen, eleganten, noch nicht alten, aber alternden Frau, die jetzt ihrem Sohn zulächelte, glaubte ich das Kind von vor fast einem halben Jahrhundert wiederzuerkennen, das Mädchen von Dieppe, in einem Profil und einem Lächeln –, das nicht mir gehörte. Und erst, als der Wagen in die Ferne rollte, wohin er fortan immer rollen wird, ferner und ferner von mir, lösten sich Tränen, die sich lange aufgestaut hatten, wie in meiner Kindheit die Eismassen der Donau bei Klosterneuburg, ehe das Tauwetter sie zu Fluten verwandelt über Wien herfallen ließ, brachen hervor, überschwemmten mein nach wie vor reglos auf reglosem Standbild stehendes Gesicht und zogen es, während der Gesang aus der Kirche aufloderte, als käme er schon von anderswo, zuletzt hinab in einen Schlund aus Dunkelheit und Ohnmacht.

Stunden schon rollt mein Zug durch die russische Weite. Seit dreißig Jahren entferne ich mich von Wien und kehre immer wieder zurück. Die Ringstraße ist eröffnet, mein Geburtsort Sankt Ulrich längst Teil der Stadt. Offener ist Wien durch den Verlust der Stadtmauer geworden, ja, aber auch verlorener in der Welt. Nun, da Adele, meinen vor wenigen Tagen in Petersburg uraufgeführten ihr zugenannten Walzer summend in den Restaurantwagen gegangen ist, werde ich die Mappen durchsehen, die sich beim Hotelportier angehäuft haben – Kompositionen von Studenten, Amateuren, wie ich sie in jeder Stadt haufenweise bekomme. Musikalisch ist eine derartige Überproduktion entstanden, Dilettanten überschwemmen die Operetten und vergraulen des Publikum mit ihrem schlechten Geschmack. Die vielbeschriene Teilnahmslosigkeit des Theaterpublikums entspringt einzig und allein der Talentlosigkeit der Theatermacher. Wie Walzer zu spielen sind, weiß man schon gar nicht mehr. Die Zeit der Tanzorchester geht zu Ende. Die billigeren Militärkapellen werden siegen. Als mein Vater klein war, war ganz Wien ein Konzertplatz. Kaum ein Haus, aus dem abends nicht ein Streichquartett, eine Klaviersonate geklungen wäre. Die von den Basteien heimgehenden Spaziergänger hielten, den Damen wurden Stühle hinausgestellt. In den Gassen sangen die Kinder Lieder. Aus allen Wirtshäusern drang Geigen, Pfeifen, Brummen. Ohne Tafel-Musik wollte nichts schmecken. Der *Gute Hirte* lag nahe dem Theater, das den Kasperl geboren hat und die ersten Singspiele. Da kommen auch die Sträusse her, die den Wienern nun seit gut achtzig Jahren zum Tanz aufspielen. Doch auch das Tanzen hört auf. Eine andere Unruhe ist in die Körper gefahren, eine ungesunde, nervöse. Die Leute sitzen und fressen und saufen zu Musik, schauen herum, als suchten sie, was ihnen fehlt, und stillen ihren Hunger nach etwas, woran sie sich halten können, mit der äußeren Dummheit des Zigarettenrauchens und Zeitungenverschlingens, den neuen Religionen der aufgeklärten Zeit. Wien war mir immer schmerzlich nah. Nun ist es mir schmerzlich fremd. Beide, Papa und ich, haben noch gegen die Cholera aufgespielt. In Linz sind die Menschen auf den Knien gelegen, bittend, verschont zu werden. In Wien sind sie tanzen gegangen – auf ärztlichen Rat. Angesehene Mediziner schrieben, das Vergnügen treibe unser Blut durch den Körper, sei belebend und heilsam, sogar bei Pandemien. Alle Pandemien sind über das Wasser gekommen. Das Bakterium, das für die Cholera verantwortlich sein soll, reiste als blinder Passagier auf Ratten und Seemännern über die Meere und fand auf Flüssen und Kanälen seinen Einzug in die Städte. So kam auch der Walzer mit den Donauschiffern nach Wien und legte direkt vor Großvaters Gasthaus in der Floßgasse an. Die vazierenden Musiker infizierten einen kleinen Buben, der trug das Fieber hinaus. Und übertrug es auf mich. Ich steckte die Welt an. Einen Weltenbrand habe ich in der Welt angesteckt, der lodert und lange nicht mehr zu löschen ist. Noch auf den Trümmern ihres Untergangs werden Japaner den Donauwalzer spielen, wird im Versinken der Städte mein *Du-i-Du* erklingen, in Los Angeles, in Sankt Petersburg – und ganz sicher in Bad Vöslau. Immer wird Vaters und meinen Rattenfängerklängen gefolgt werden – und Menschen in Narrenkleidung ins Grab gelegt, wie in seinem Cholerafasching, der vierzig Jahre vor meiner Weltausstellungscholera lag. Als man die Bastille zerstörte, hielt man Tafeln hoch: Hier wird getanzt! – Wien hat von der französischen Revolution nichts übernommen als das Walzertanzen. Und ist das nicht immer noch besser, als auf jemanden zu schießen?

Eben habe ich die Mappen durchgeschaut. Während sich die meisten mit einblättrigen Kostproben ihrer

Kunst begnügten, haben andere ganze Symphonien abgegeben, einer gar den Klavierauszug einer Oper. Am meisten zog mich die Papierrolle an, die mir der Portier bei der Abfahrt zum Bahnhof in den Wagen gereicht hatte. In der Nacht abgegeben, während meines zwölfstündigen Tiefschlafs, in den die Ohnmacht, nachdem man mich ins Hotel transportiert hatte, übergegangen war. Und wie starrten meine Augen, als mir aus der geöffneten Notenrolle der Titel *Starre Augen* entgegensprang, Romanze für Gesang und Klavier von Olga Smirnitzkaja, veröffentlicht vor acht Jahren, noch *nach* ihrer *Ersten Liebe*. Dem Lied in g-moll lag nichts bei, kein Brief, kein Billet. Nur ein Blatt obenauf mit der maschinenschriftlichen Übersetzung.

Ihr reglosen Augen, besessenen Augen,
was starrt ihr des Tags und zur Mitternachtsstunde
ins Weite mit solch einer Glut?
Seid in der Vergangenheit ihr gar ertrunken,
die längst schon an euch ist vorübergezogen,
und die so bekümmert das Herz?

Olga, dachte ich und schaute auf die an mir vorüberziehenden Birkenwälder, immer hattest du die richtigen Worte für mich. Sogar in diesem Abschiedsgruß. In Vergangenheit ertrunken? Mag sein. Ein Volk ist es mit mir. Ich bin ihr König.

Jeder diene auf seine Art, hat Tschaikowskij gesagt. Ich diene meinem Publikum. Ich trage meine Maßanzüge wie meine Uniform. Ich bin nicht der beste Walzerkomponist, ich bin der einzige. Ich werde in Coburg nicht einen Tag länger leben, als es für die Eheschließung braucht. Ich werde in Wien leben und sterben. Ich bin Wiener. Der Welt wird Pawlowsk als Grundlage meines Vermögens ein Begriff bleiben, meine *Damen von Sankt Petersburg* habe ich elegant in *Wiener Frauen* umbenannt, und keiner weiß, warum mein Herz dabei weint. Die Polka *Im Pawlowsk-Walde* wurde den Wienern zuliebe *Im Krapenwald'l*, und keiner schätzt es, dass ich dazu schmunzeln muss. Der Pferdeschlitten aus Silber, Geschenk meines russischen Verlegers, wird mich jeden Tag auf meinem Schreibtisch anschauen. Und meinen *Abschied von Sankt Petersburg* werde ich im *Kaiser-Walzer* weiter verwenden. Meine Dynastie versiegt. Papa starb mit vielen Kindern, war aber letztlich allein. Ich habe keine Nachkommen. Ich bin ein schlechter Monarch. Wenn ich sterbe, wird ein Teil der österreichischen Monarchie sterben. Mein Kaiser Franz Joseph ist blutsverwandt mit der russischen Zarin – einer Deutschen –, die mit Zar Pawel, ihrem Mann, Pawlowsk ersonnen hat. Die Schönbrunner Konvention, die eine friedvolle Verständigung Österreichs mit Russland beschwört, möge lange halten. Auf jedem *wagsal*, durch den mein Schnellzug braust, auf jedem Bahnhof einer großen Stadt wie in jedem entlegensten Provinznest des russischen Reiches wird, da das russische Wort für Bahnhof vom allerersten, Vauxhall, übernommen wurde, für alle Zeiten ein Teil meiner Geschichte mitklingen. Ein Stück unserer Liebesgeschichte, Olga, deiner und meiner. Und nun lassen meine Augen die Birken los, von denen mir Tschaikowskij beim letzten Händedruck an der Tür zugeflüstert hat, es gäbe nichts Schöneres im Frühling, als ihre Stämme zu berühren, gehen meine *reglosen Augen* auf die zweite Strophe des Lieds:

Ihr werdet nicht schauen dort, was aus und vorbei ist.
Nie wird euch der Zufall verraten,
wohin er entwendet,
was einstmals gegeben so reich.

Draußen haben sich die Wälder zu einer großen Ebene aufgetan. *Immer bist du allein*, hat Olga einmal zu mir gesagt, nachdem ich sie gezwungen hatte, eine Gesellschaft zu verlassen, weil ich nicht wie sie genießen konnte, mit unserem Geheimnis zu zweit unter Leuten zu sein, sondern die Leute mich, in meiner Wahrnehmung, von ihr trennten. Ja, Olga. Verloren bin ich auf der weiten Tanzfläche wie einer, der glaubte, den Lebenswalzer mit sich

allein tanzen zu können. Irgendwo da draußen liegt
unser verlassener Garten – und bald wird niemand
mehr von unseren Spielen wissen. Ich habe nur ein
Argument zur Verteidigung. In meinem Hirn läuft
immer Musik. Sie drängt von irgendwo an meine
Hirnwände heran, und um sie loszuwerden, werfe
ich sie auf Papier. Hinten drängt immer neue Musik
nach, drückt gegen die Hirnwände. Damit mein
Hirn nicht zerspringt, hat mir die Natur des Ventil
des Komponierens gegeben. Auch darum wirken
meine Augen erschrocken – vor diesen Massen an
Musik, die sich von hinten ununterbrochen an sie
heranpressen, haben sie sich als Schleusentore steil
aufgestellt und überwachen, was herauskommt und
beäugen es zweifelnd, weil sie mein Inneres voll von
Dämonen wissen, Schwärze und Angst, und was
nach außen dringt, wirkt auf die Menschen hell
und friedlich und bringt sie zum Tanzen. Irgendwo
in dem schmalen Bereich zwischen Scheitel und
Augapfel geschieht ein unheimlicher Transformati-
onsprozess, der meinen eigenen Krieg zur Friedens-
botschaft verwandelt, durch den mein Verstocktsein
Anderen die Glieder löst und sie, im Glücksfall,
im Fluss meiner Melodien, meiner Rhythmen, die
Rhythmen ihres Bluts mit dem von Geschöpfen,
denen sie die Macht ihre Leidenschaft zuvor nie
gestehen konnten und anders vielleicht nie gestehen
könnten, in Harmonie bringen – und sie in diesem

Glücksfall, der aber in die Hunderttausende, auf Jahrhunderte gesehen in die Millionen, wenn nicht Milliarden geht, an den Früchten meiner Liebesunfähigkeit in eigener Liebe genesen. Und selbst wenn nicht mehr getanzt wird – das Fluidum meiner Musik, dem ein Wunsch nach körperlicher wie geistiger Vereinigung innewohnt, wirkt in Konzertsälen wie in Wohnzimmern: vereinigend. Und hebt den Menschen – ein paar Takte genügen – in die Sphäre standesunterschiedsloser, herzensaristokratischer Leichtigkeit und Zuversicht.

Die Ebene wird wieder von Wäldern abgelöst. Die Bäume tragen erstes Grün. In Russland, hat mir Olga einmal gesagt, werden die Jahre nach Sommern gezählt. *Im Sommer vor siebenundzwanzig Jahren* heißt *Im Sommer vor siebenundzwanzig Sommern.* Auch wenn dieser Sommer, wie in meinem Fall, der letzte war, in dem man gelebt hat. Und zugleich der einzige.

Danke

An Thomas Aigner, dem Finder der Briefe von Johann Strauss an seine russische Geliebte, und Autor des Buches „Olga Smirnitzkaja – Die Adressatin von 100 Liebesbriefen von Johann Strauss", in dem die Liebesgeschichte ausführlich dokumentiert ist, das alle Briefe enthält und alle Kompositionen der Smirnitzkaja. Ihre Romanze „Erste Liebe" basiert auf dem gleichnamigen Gedicht von Nikolaj Ogarjow. Die deutsche Prosaübersetzung ist von Jutta Schindler.

Von Afanasij Fet ist das Gedicht zur im Buch „Starre Augen" genannten Romanze. Fragmente daraus entstammen der Übersetzung von Olga Aigner („Starrer Blick").

Dank auch an Prof. Dr. Eduard Strauss für seine wertvollen Auskünfte.

Weiters dem Personal des Witebsker Bahnhofs St. Petersburg und der Elektritschkaja Petersburg – Pawlowsk; sowie der Verwaltung von Schloss und Park Pawlowsk für ihre Hilfe und Gastfreundschaft.

Bibliografische Information der Deutschen Nationalbibliothek
Die Deutsche Nationalbibliothek verzeichnet diese Publikation in der
Deutschen Nationalbibliografie; detaillierte bibliografische Daten
sind im Internet über http://dnb.d-nb.de abrufbar.

1. Auflage 2025
© 2025 by Braumüller GmbH
Servitengasse 5, A-1090 Wien
office@braumueller.at
www.braumueller.at

Coverbild: Porträt Johann Strauss Sohn, 1895. Von Franz von Lenbach
(1836–1904), Wien Museum Online Sammlung
Druck: EuroPB, Dělostřelecká 344, CZ 261 01 Příbram
ISBN 978-3-99200-383-9